I0111462

GEH LANGSAMER

Kinderbücher 2-4 Jahre | Band - 1 | Wie Zeichne

ActivityCrusades

Copyright © 2017 by ActivityCrusades
Alle Rechte vorbehalten.

Veröffentlicht von Speedy Publishing Canada Limited

ActivityCrusades
activity books

WIE MAN ZEICHNET

LASS UNS ZEICHNEN!

Zeichnen Sie das Bild mit den Linien als dein Führer färben Sie es dann!

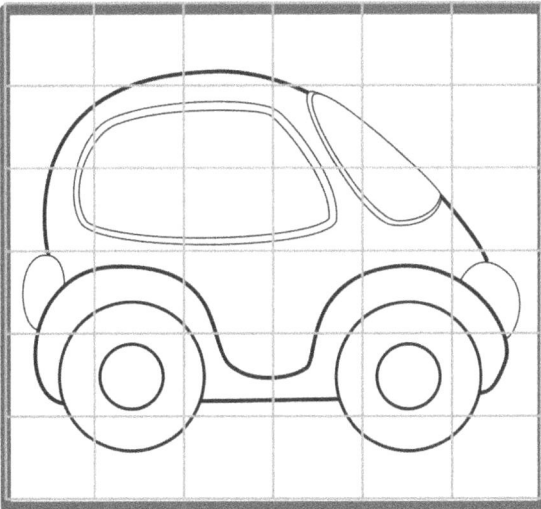

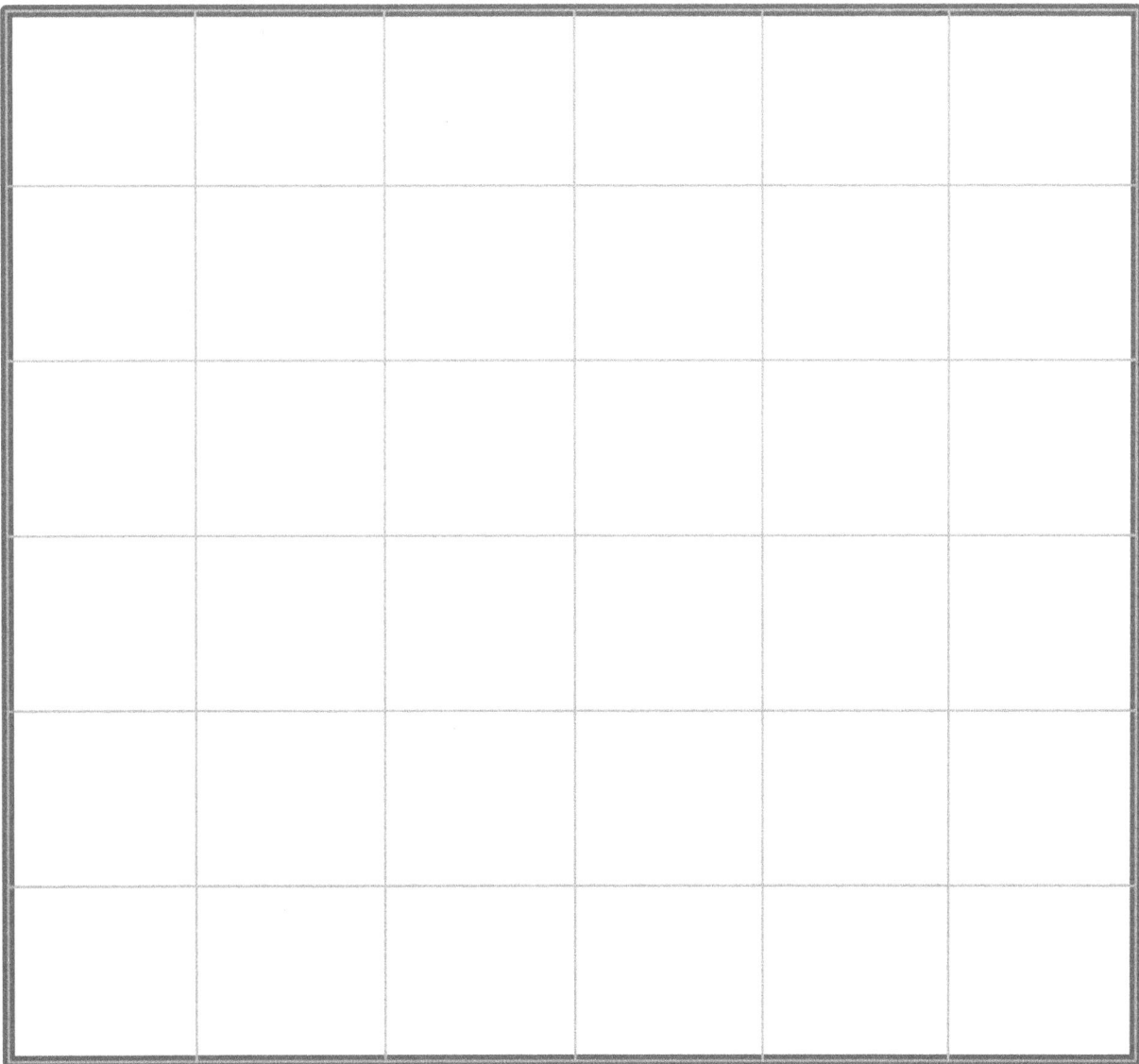

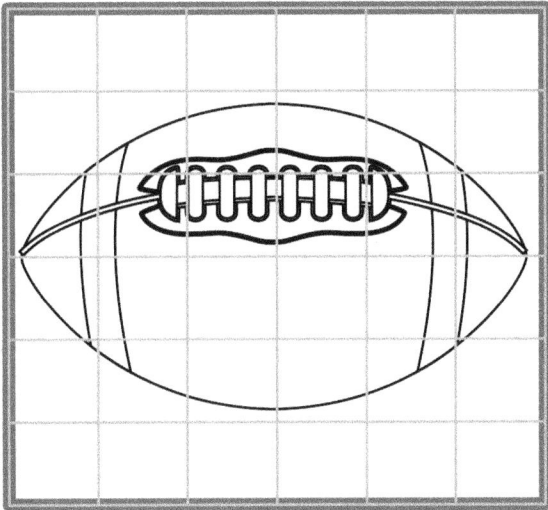

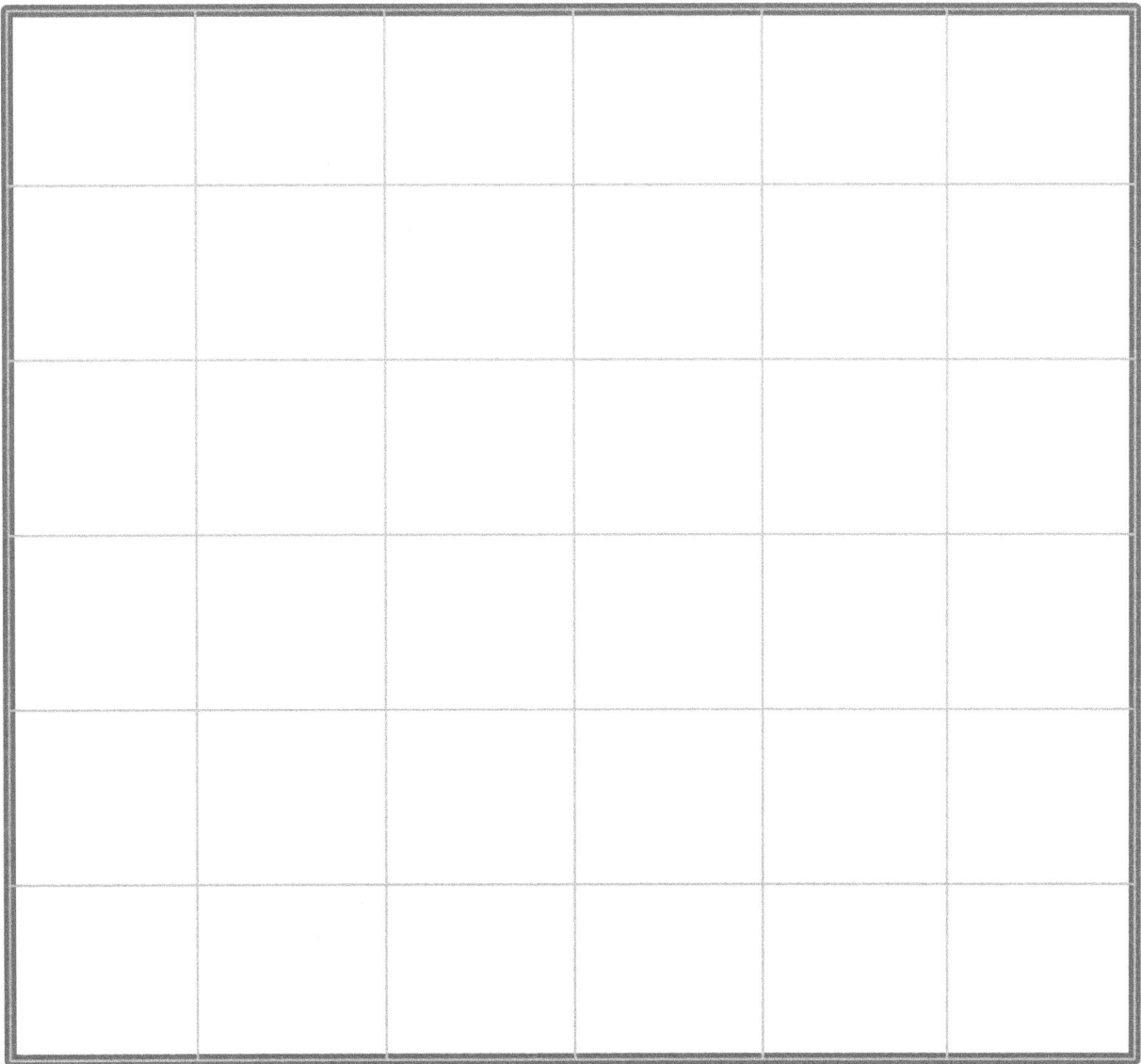

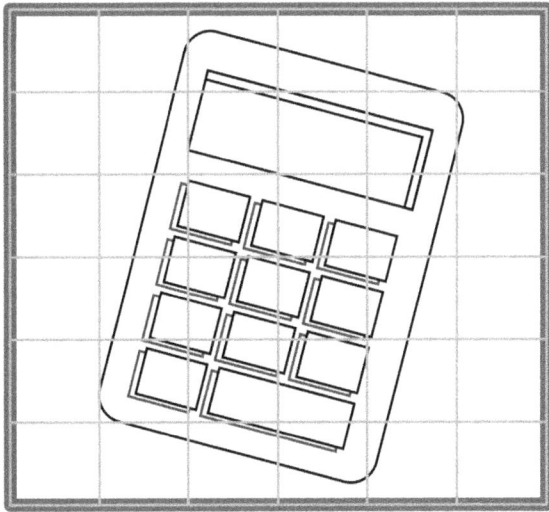

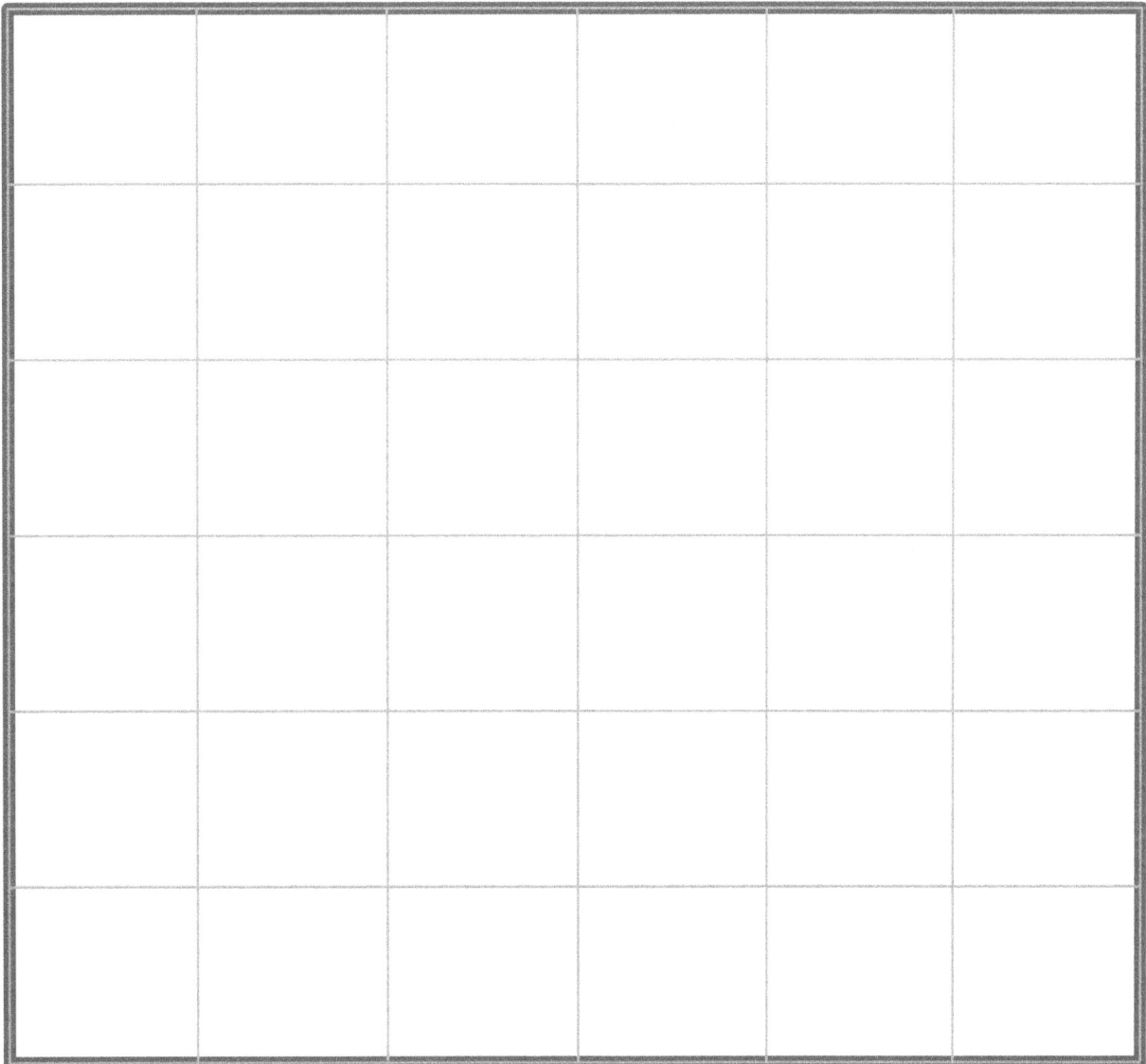

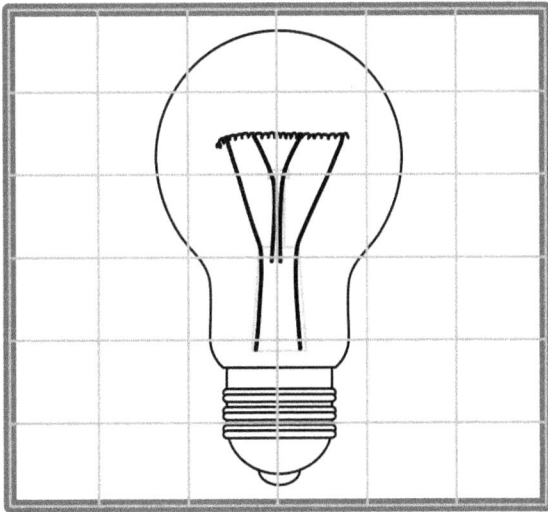

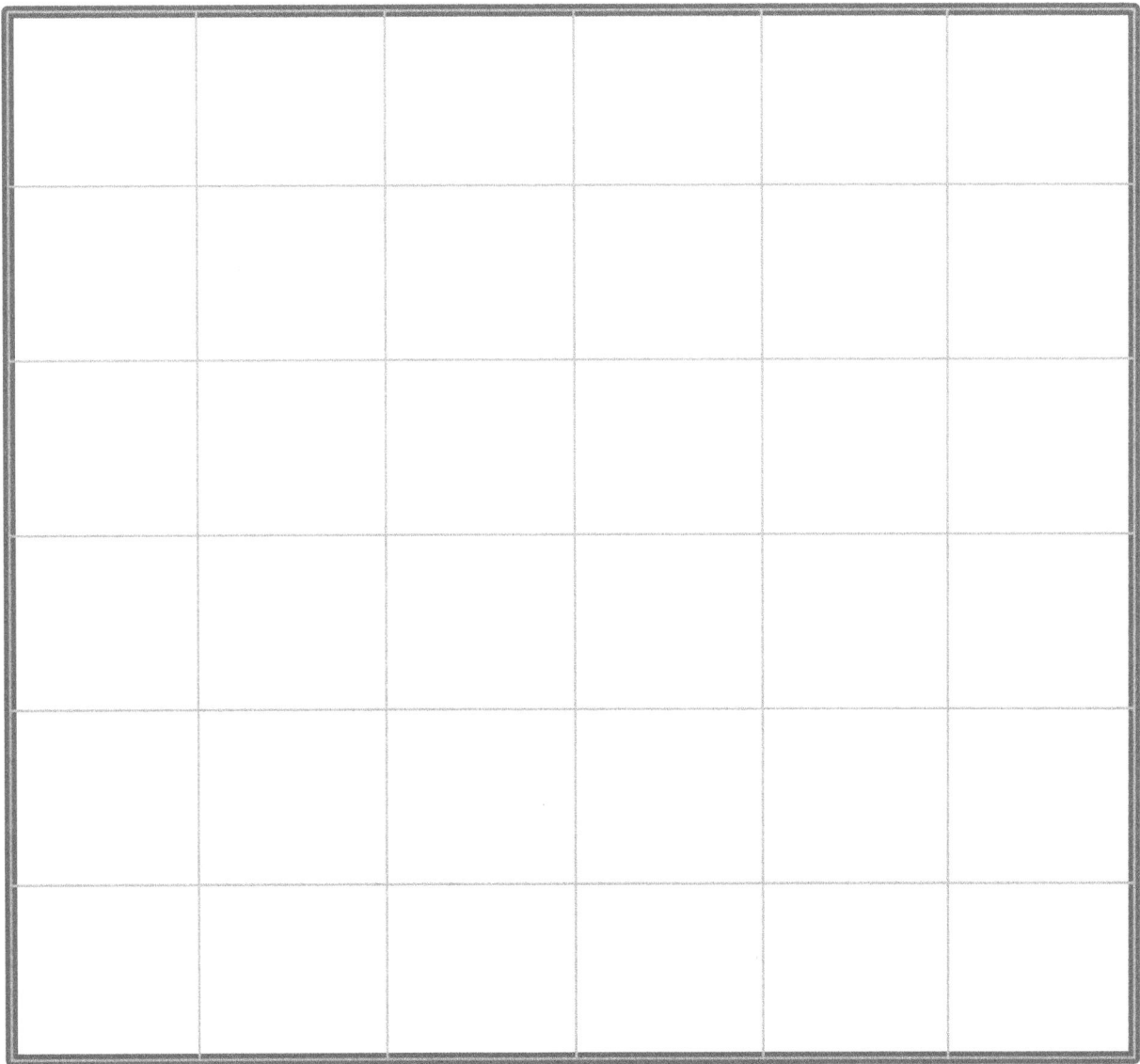

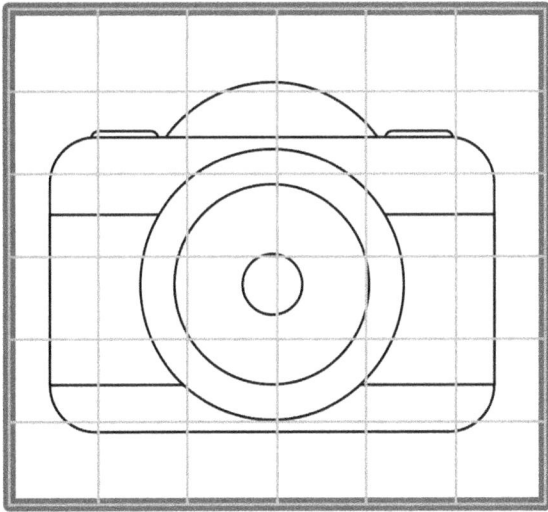

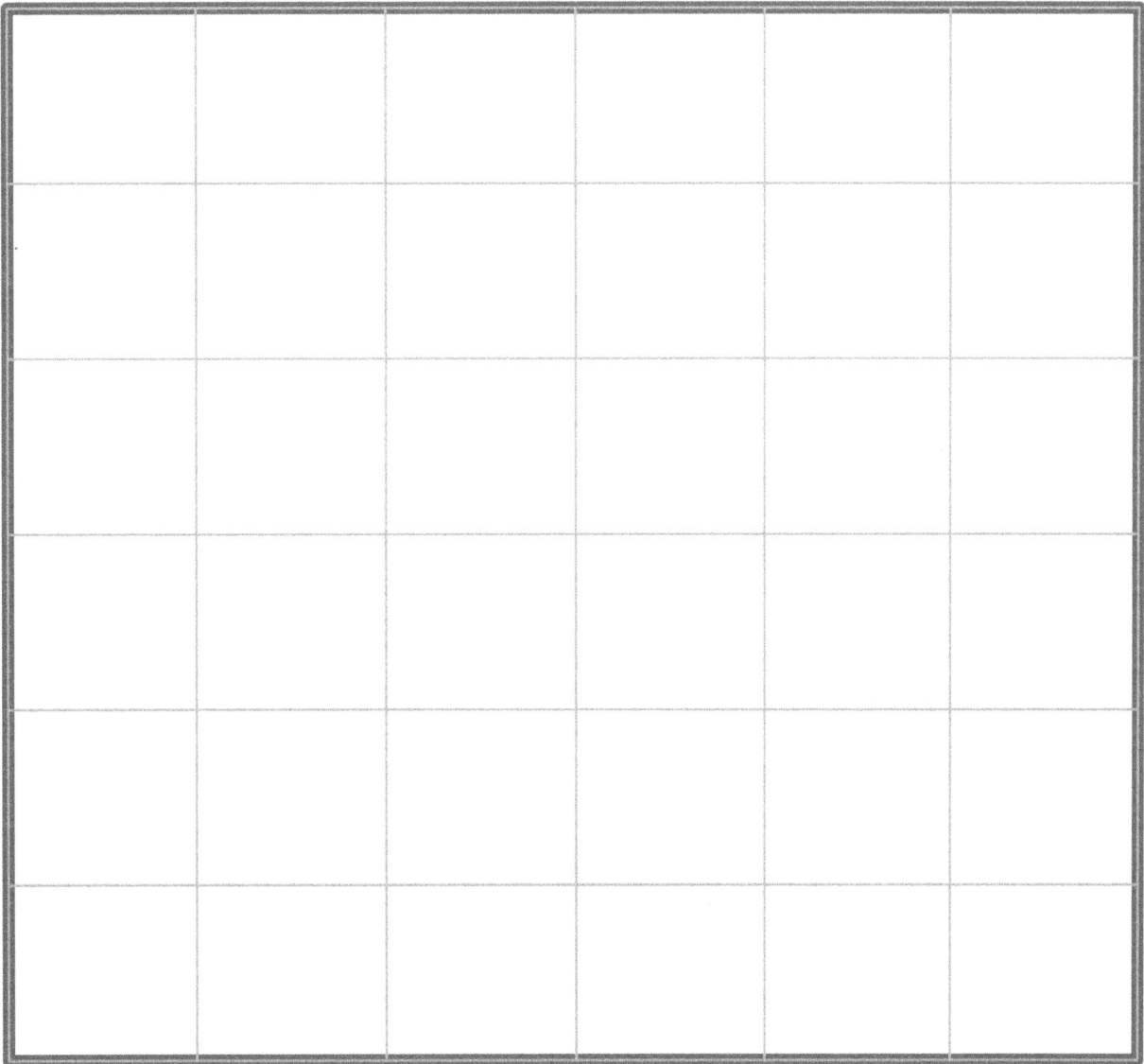

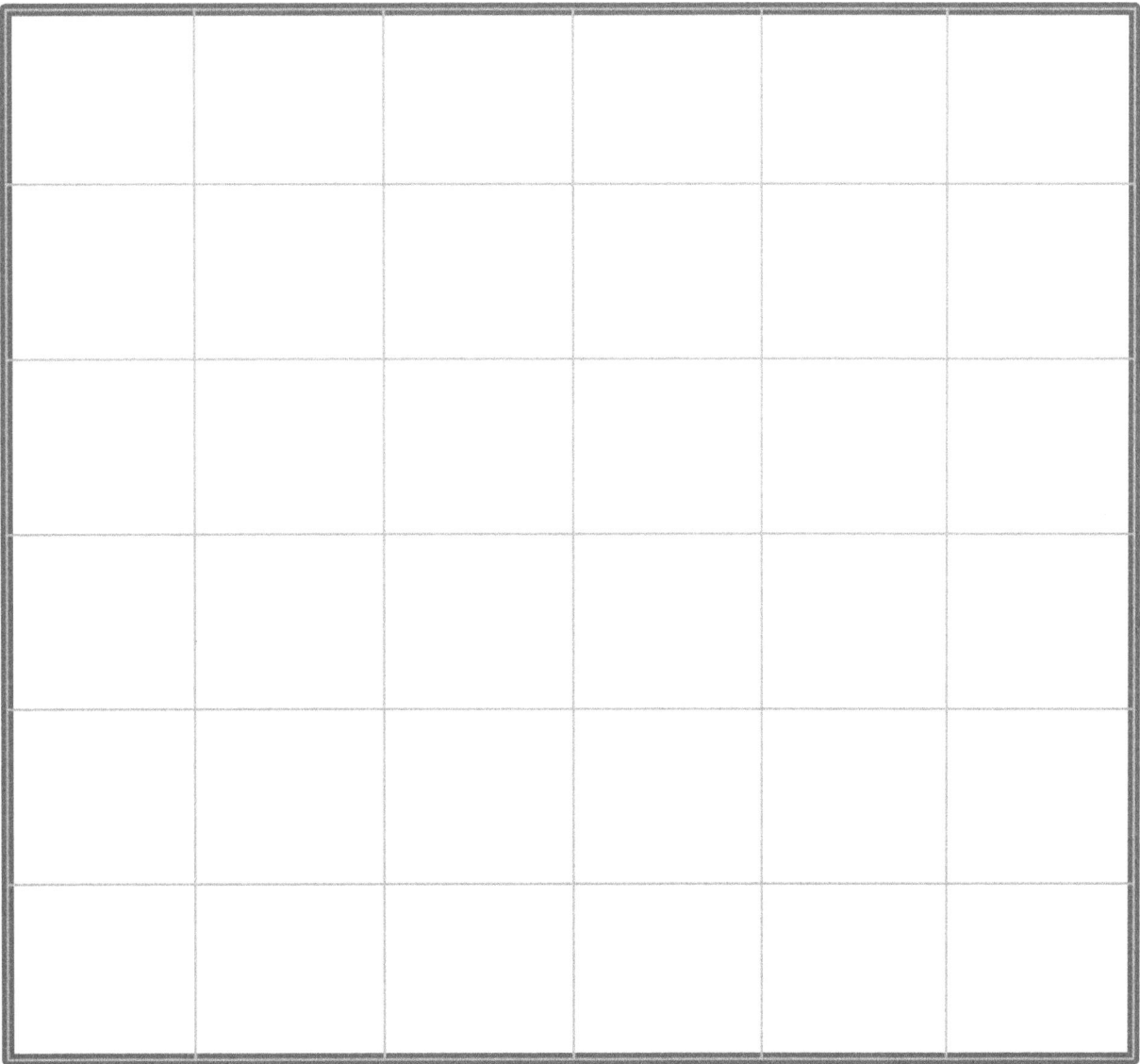

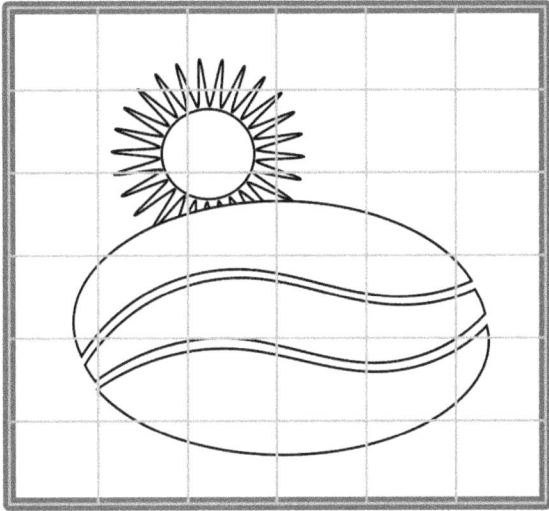

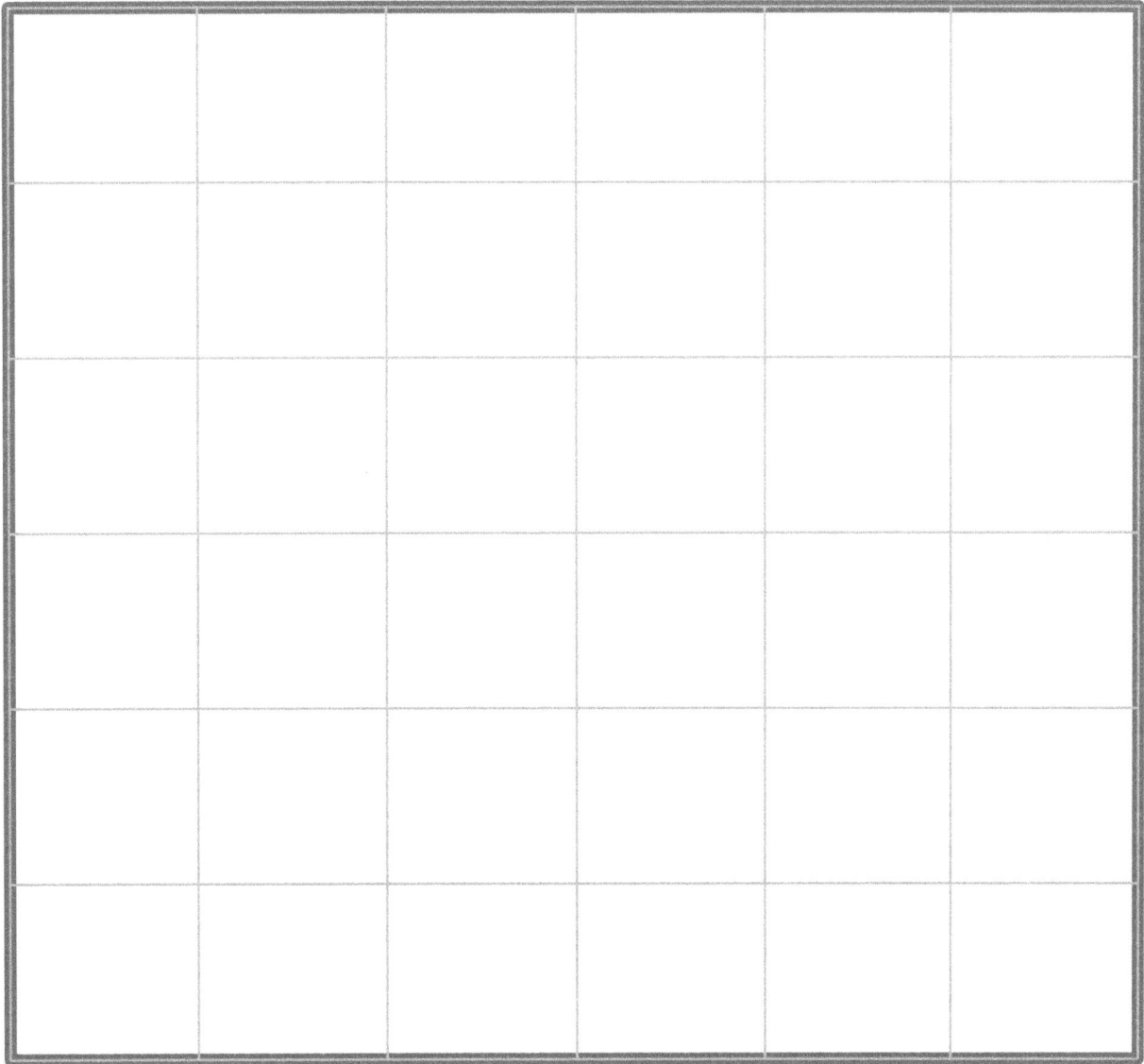

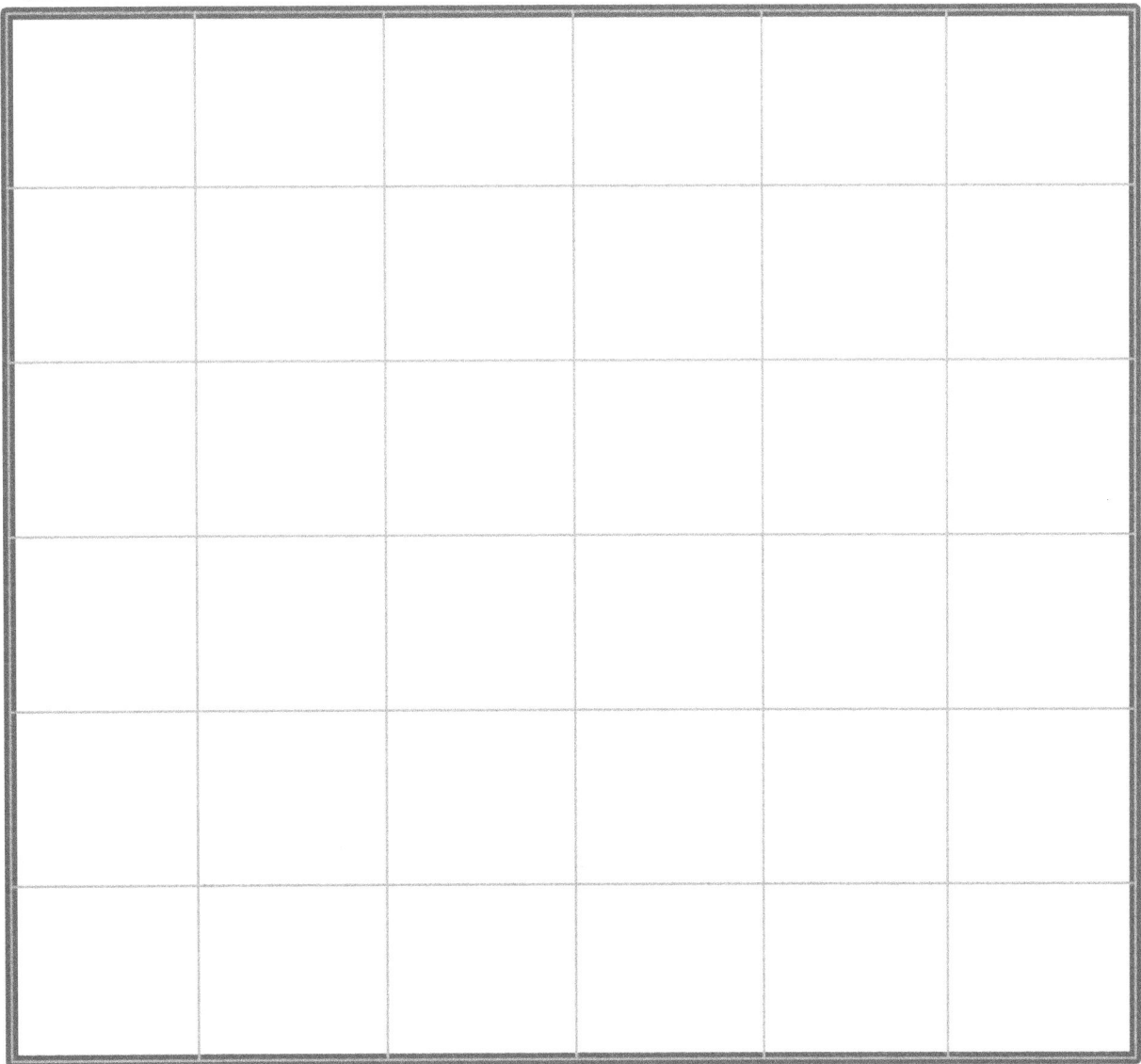

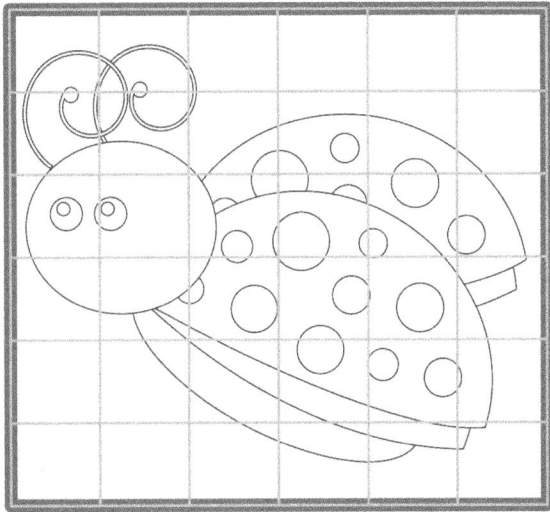

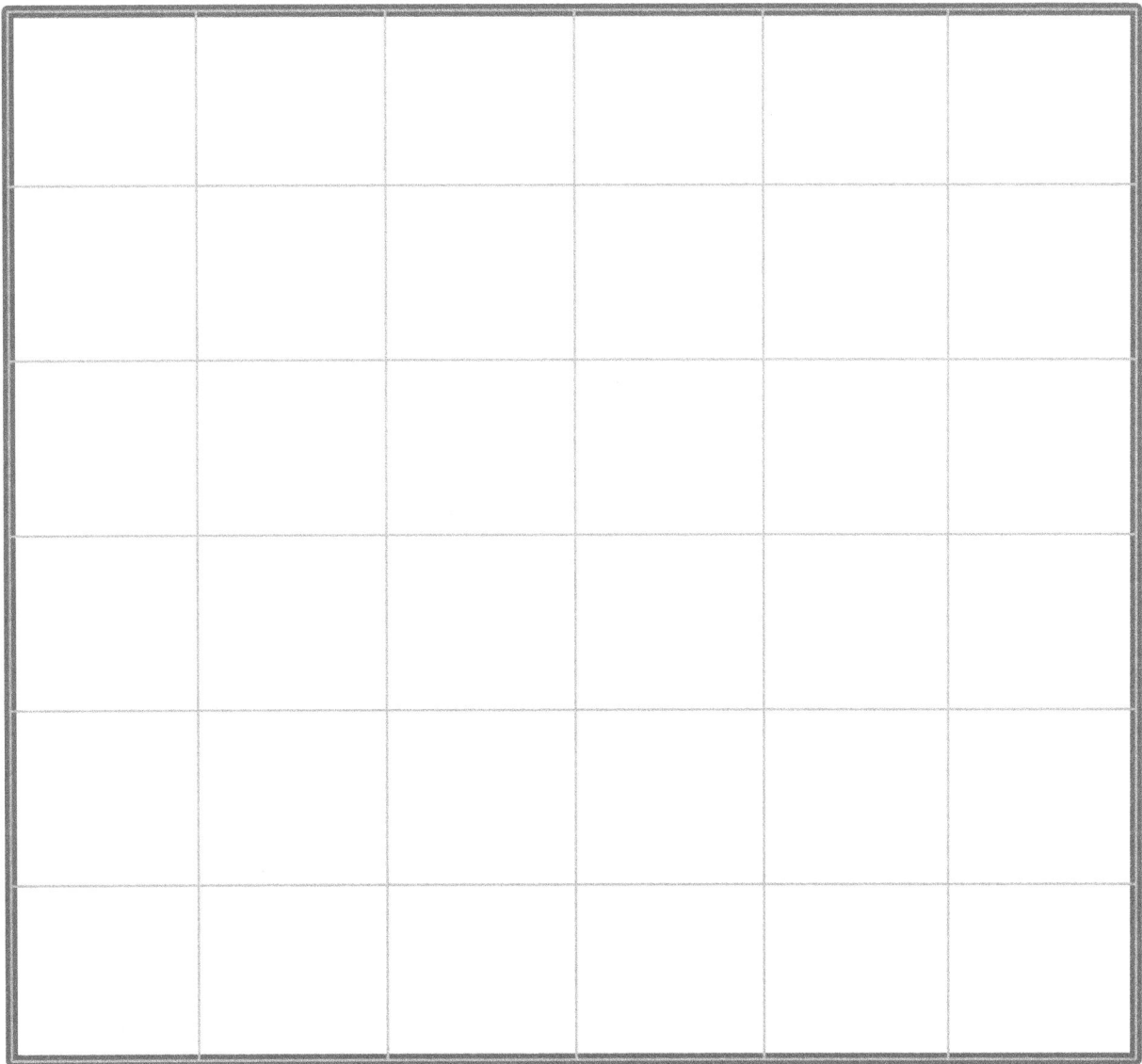

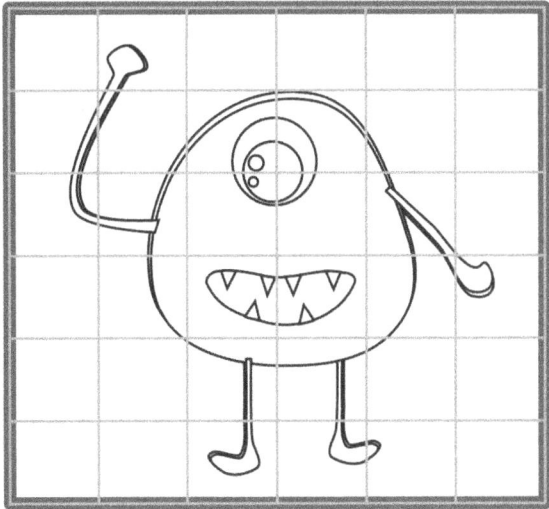

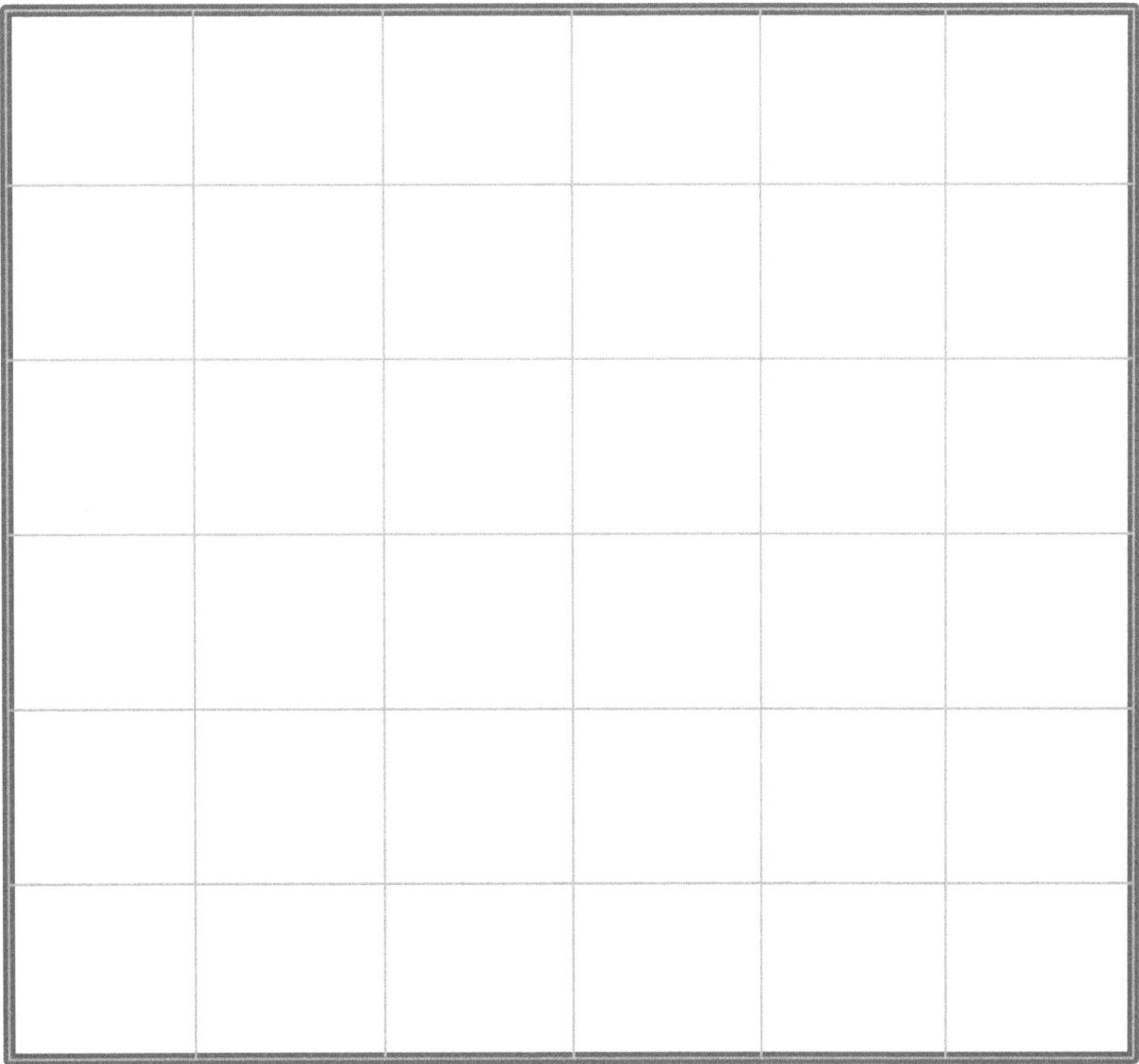

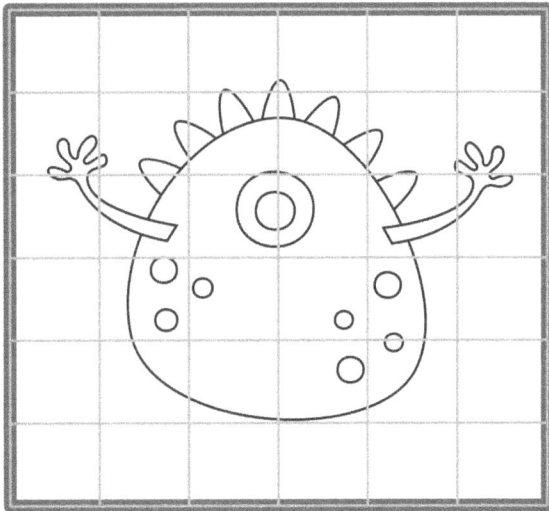

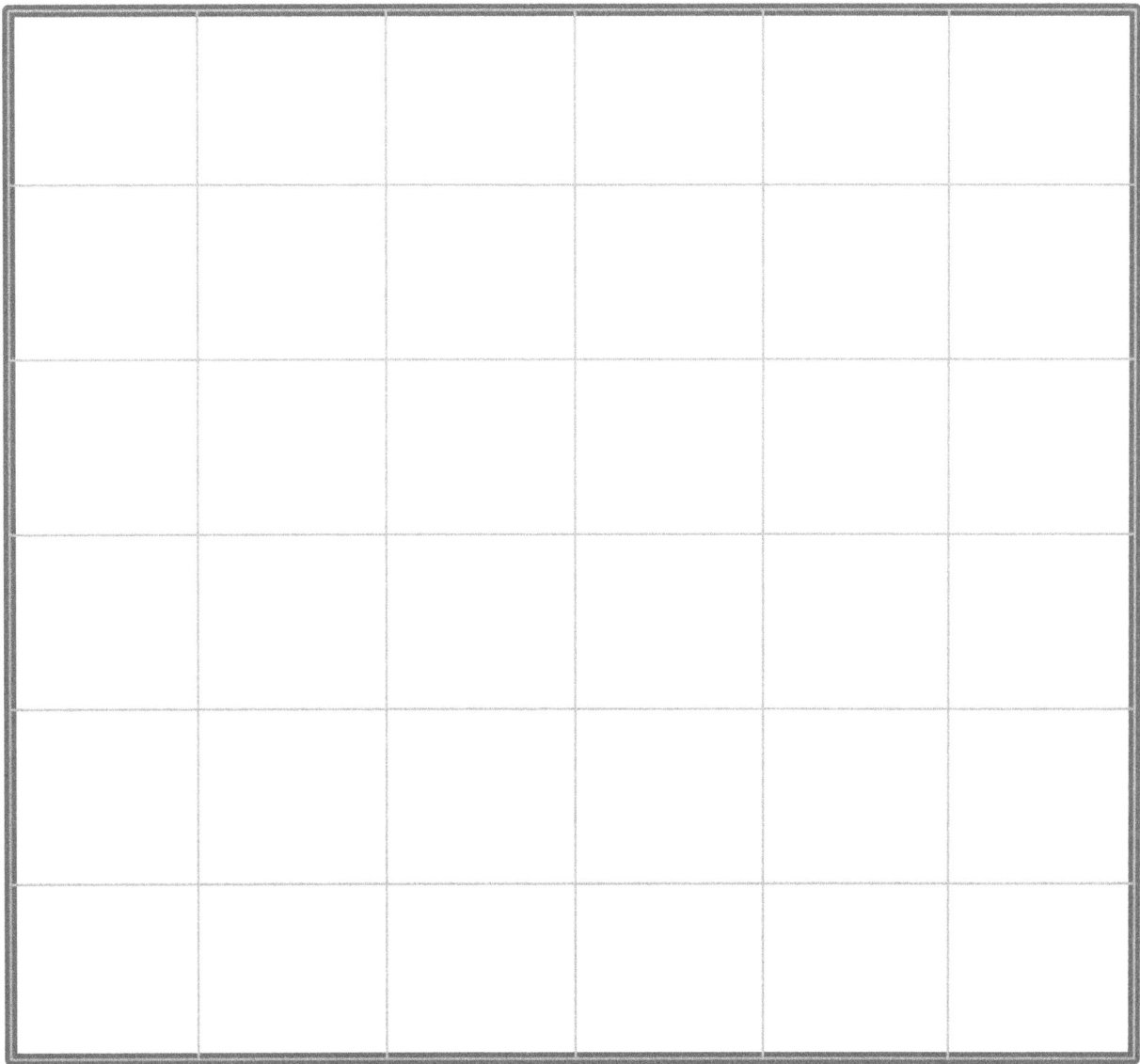

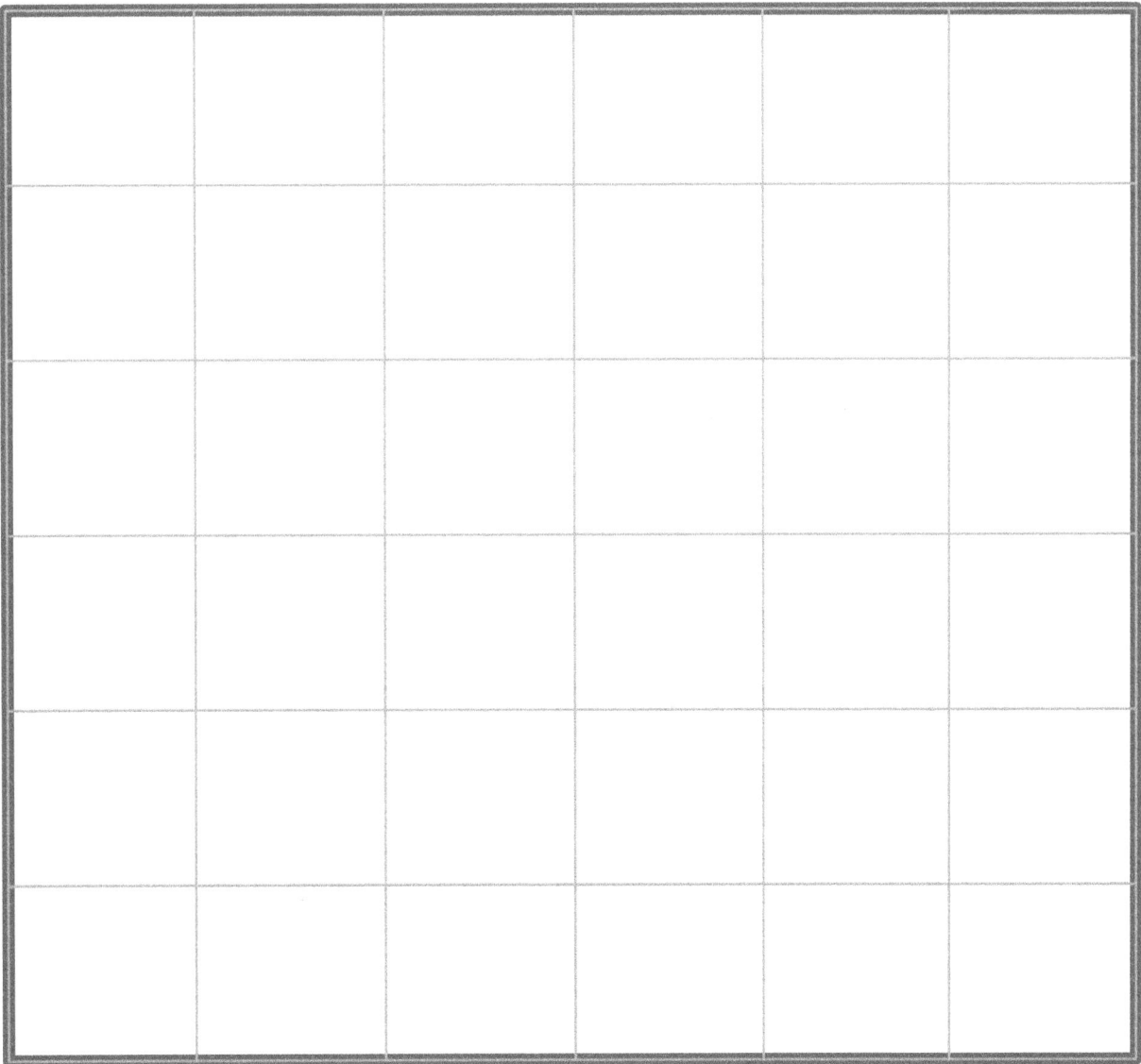

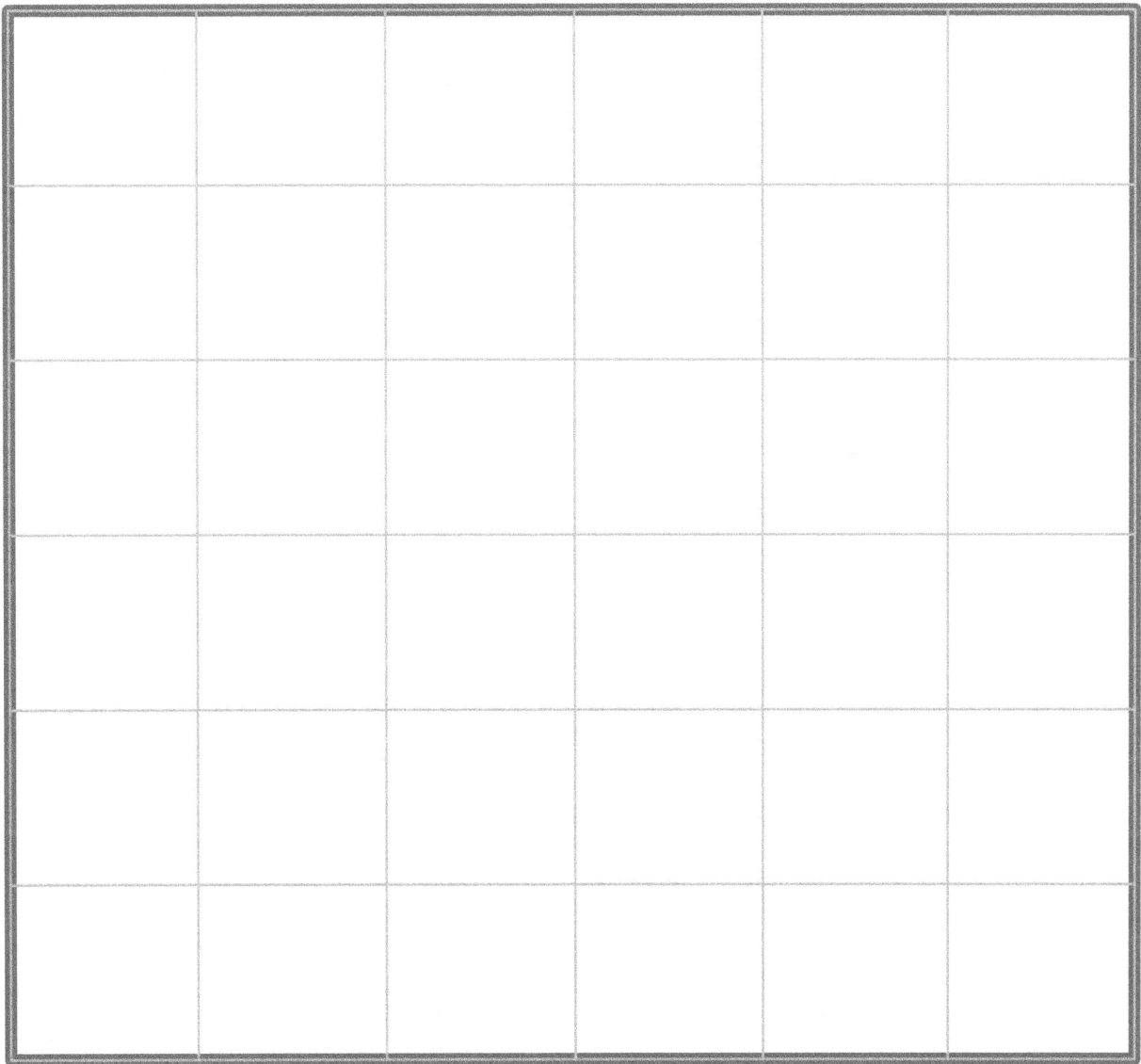

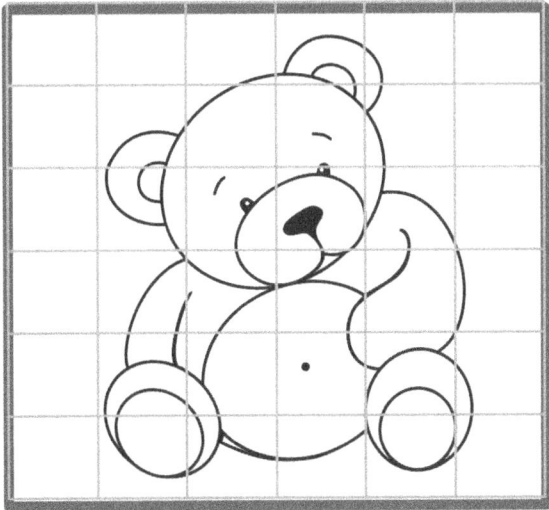

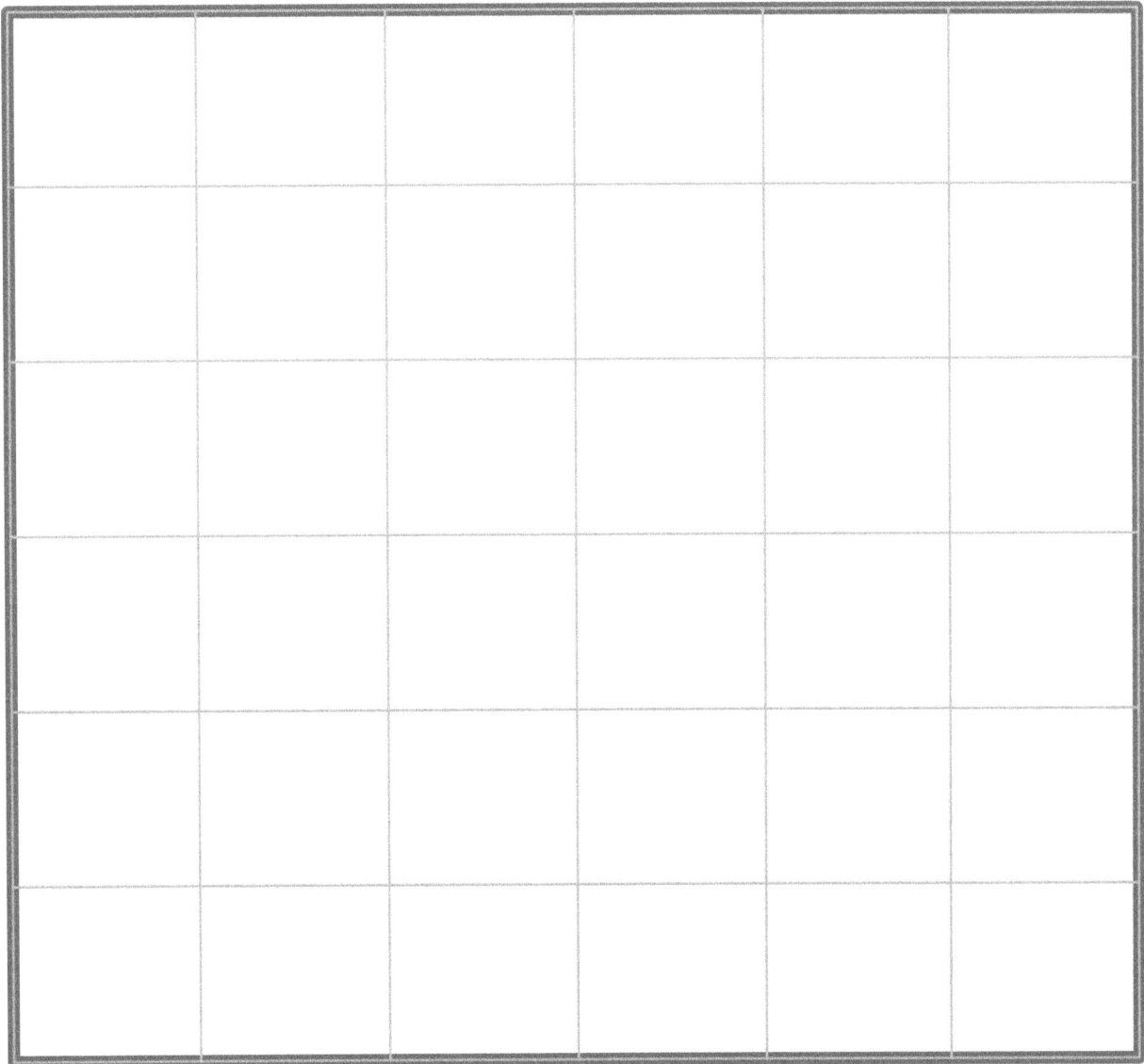

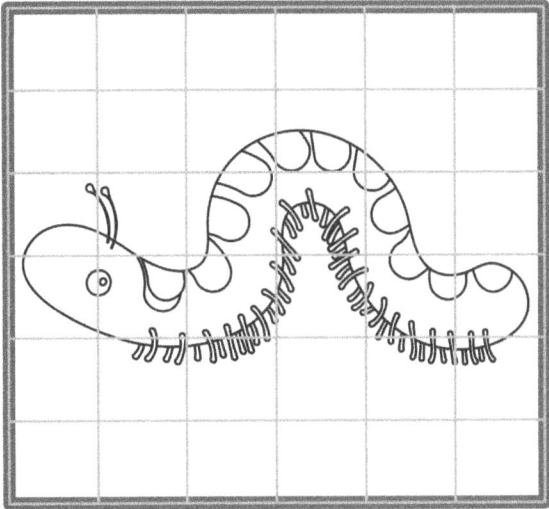

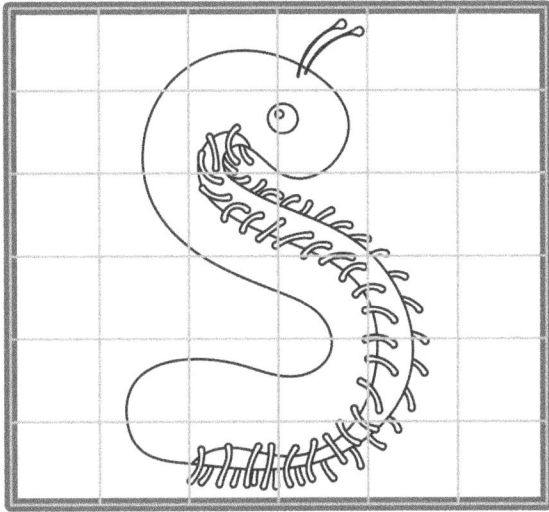

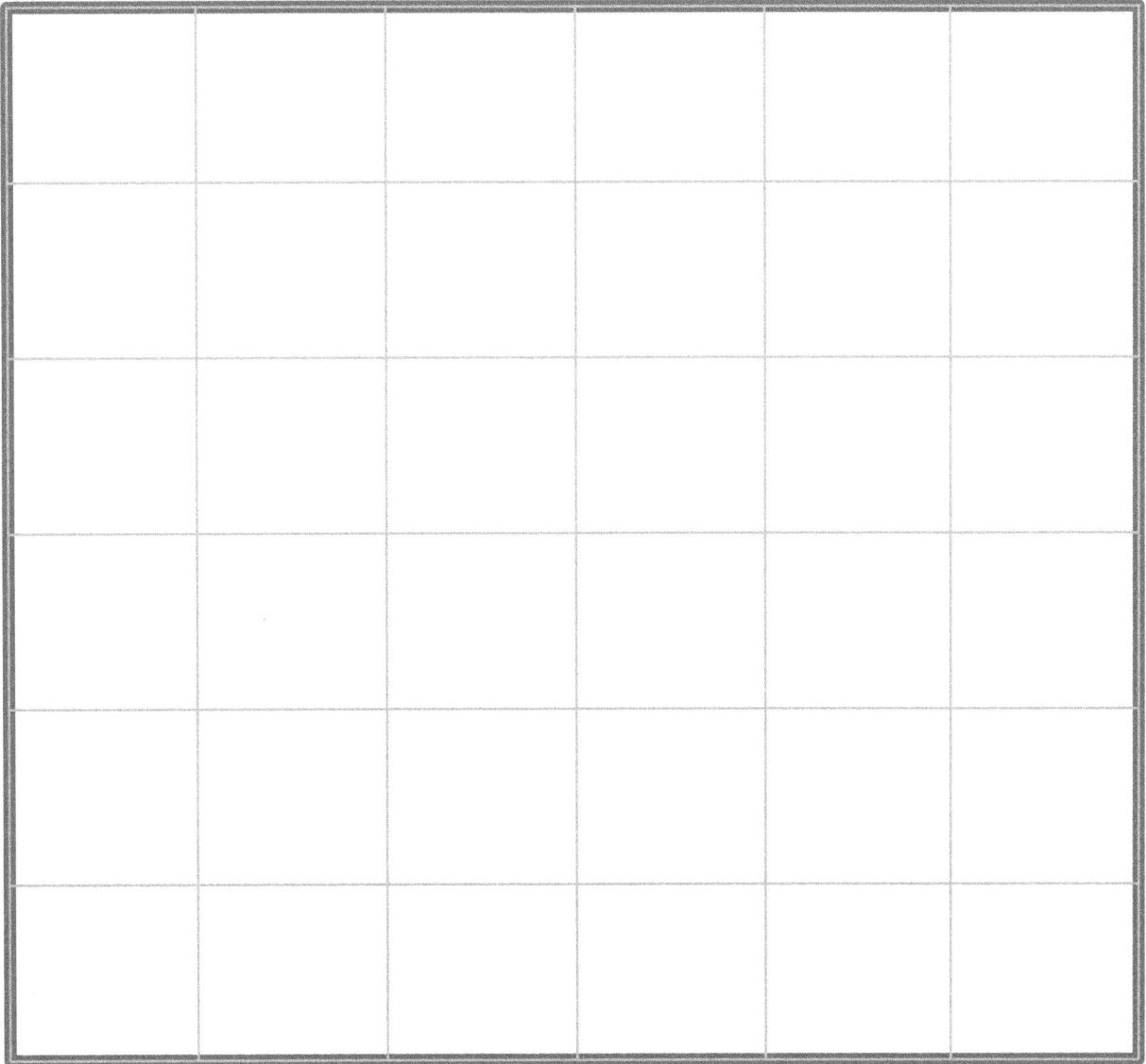

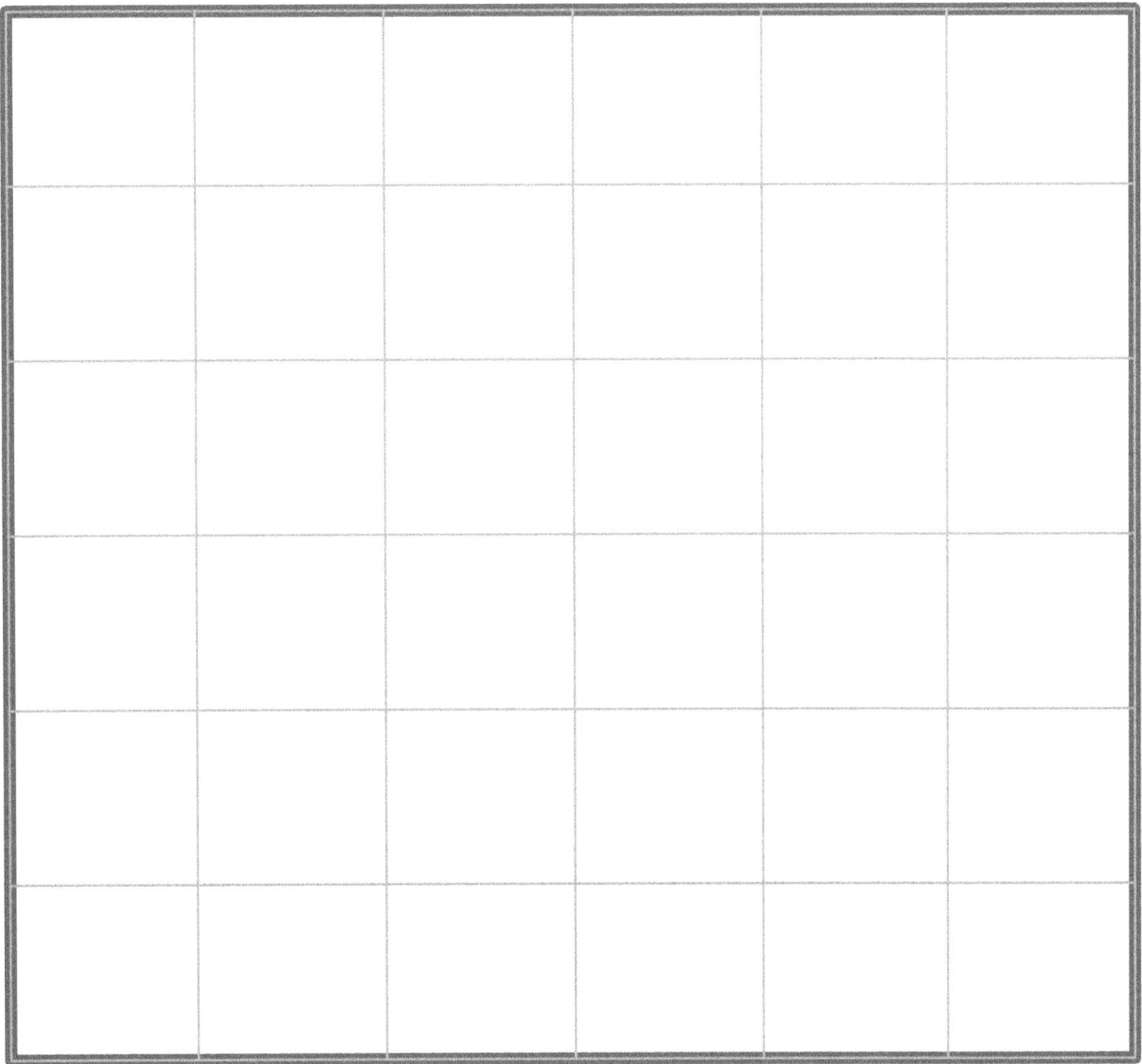

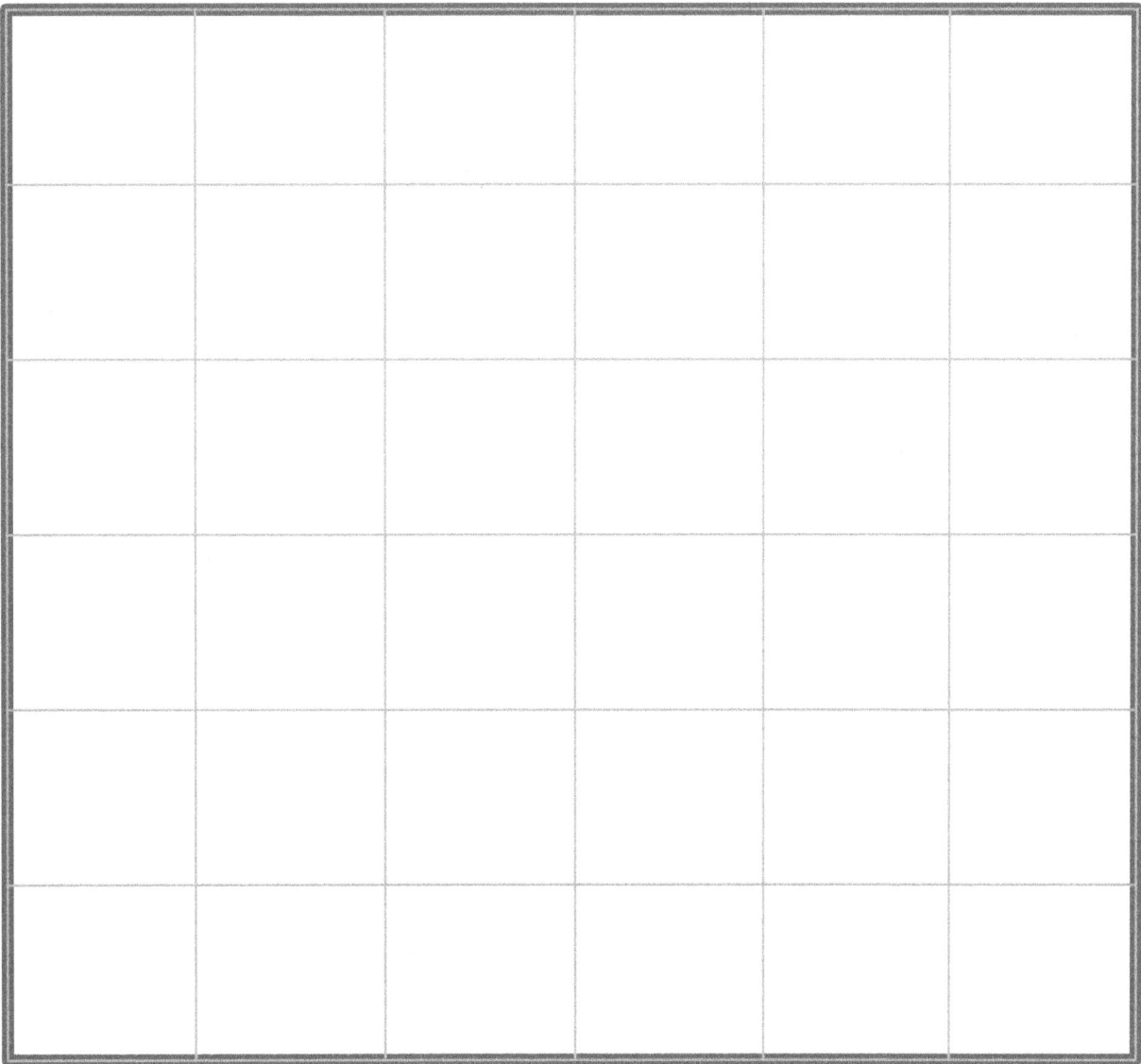

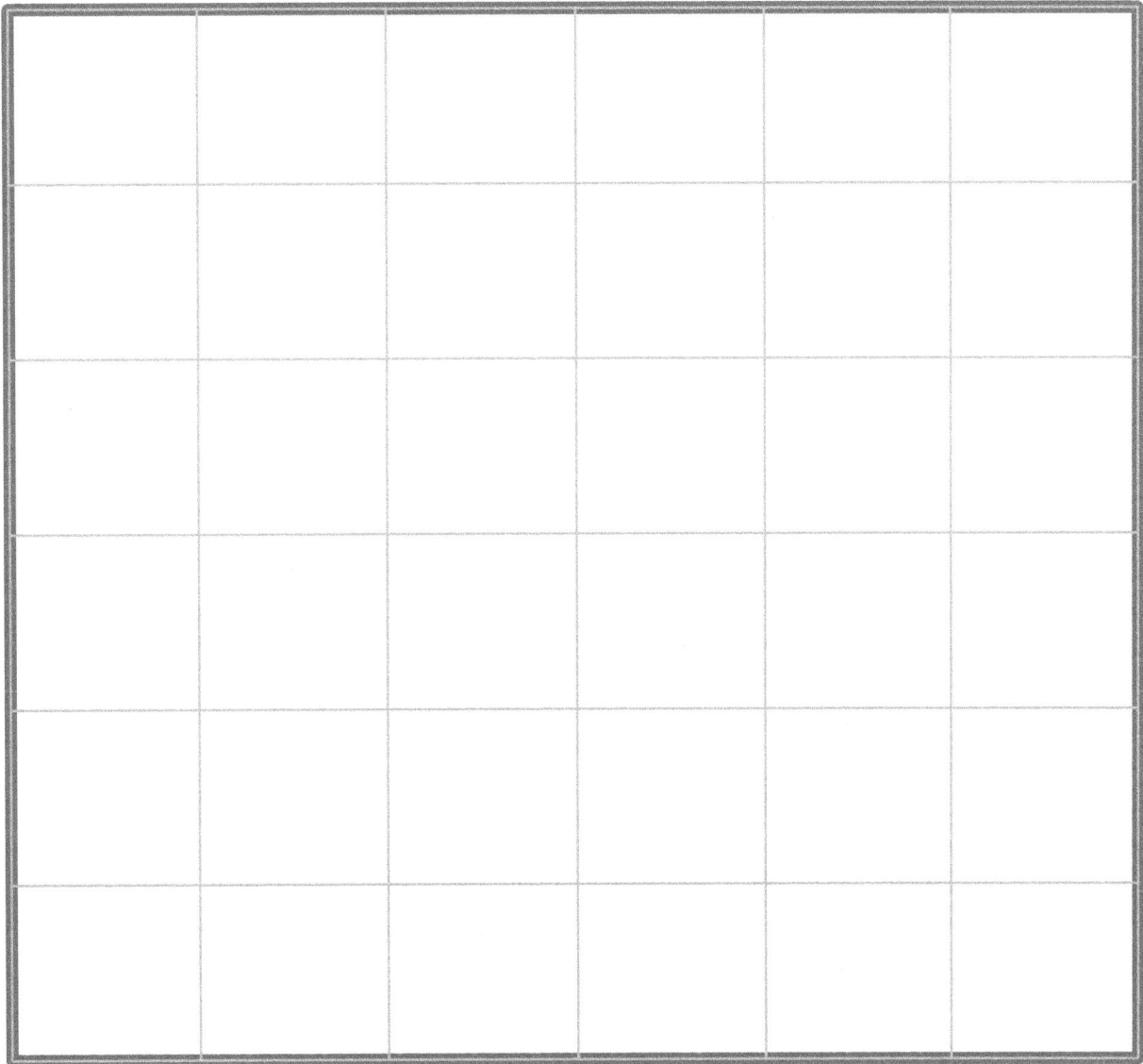

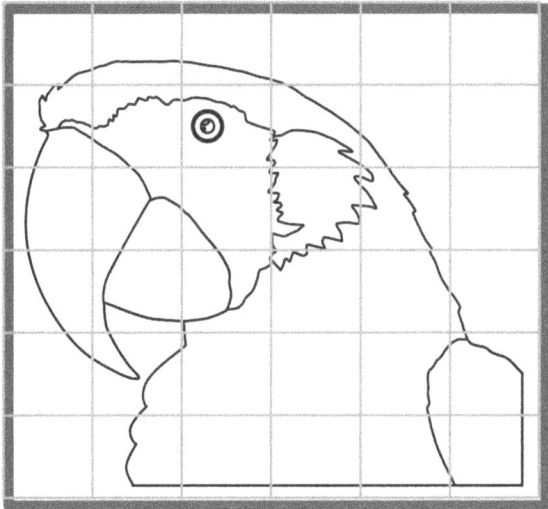

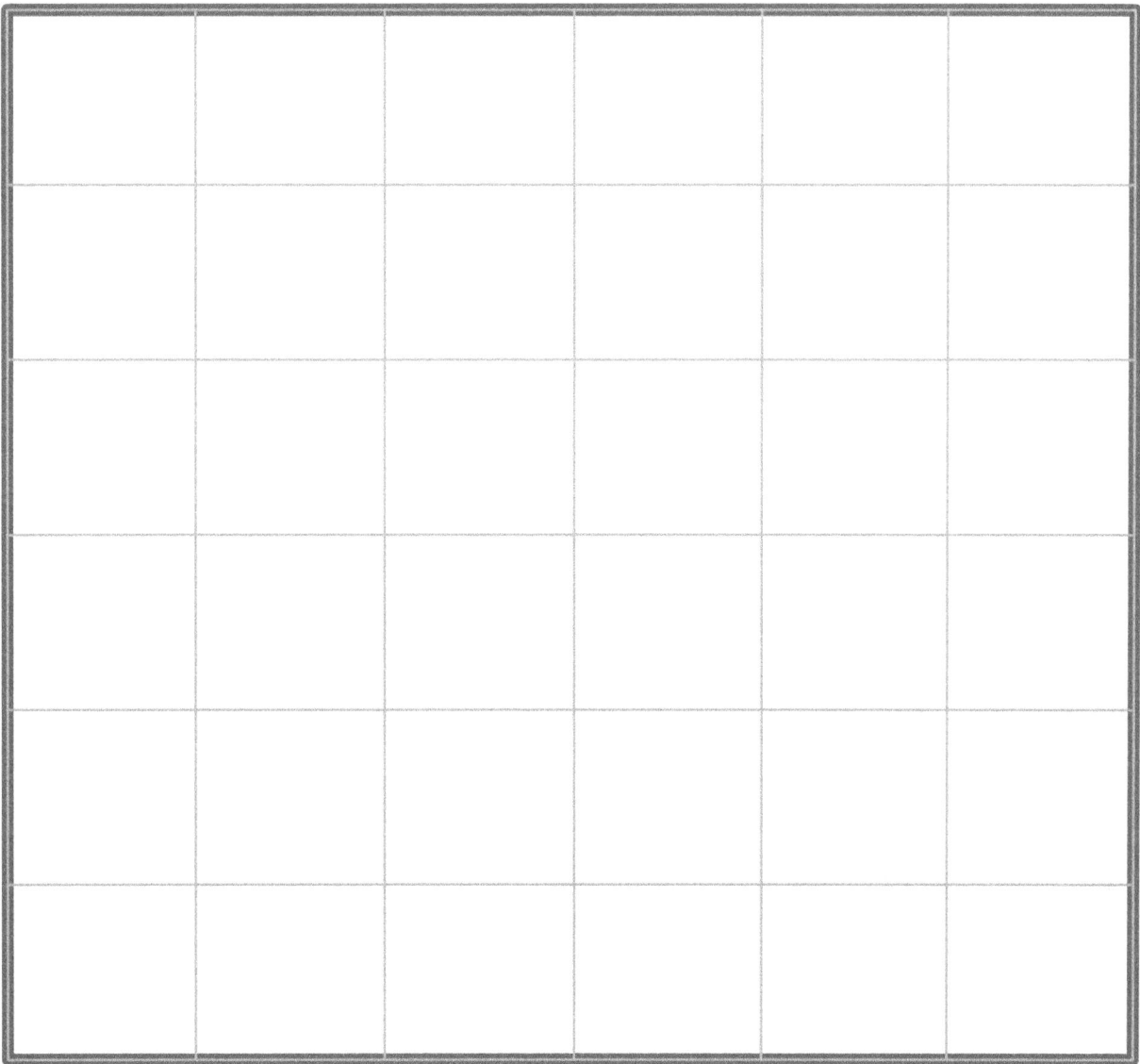

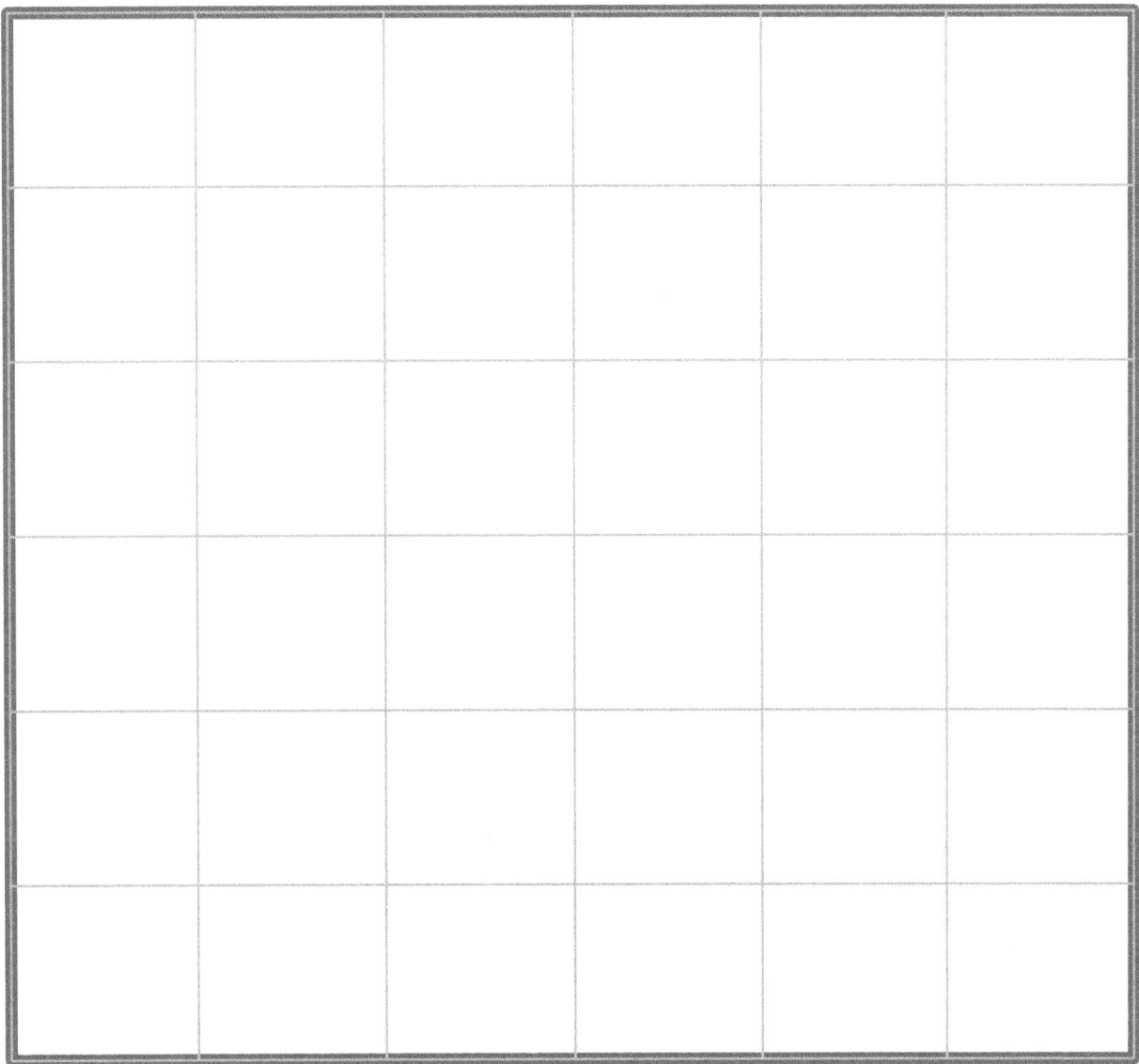

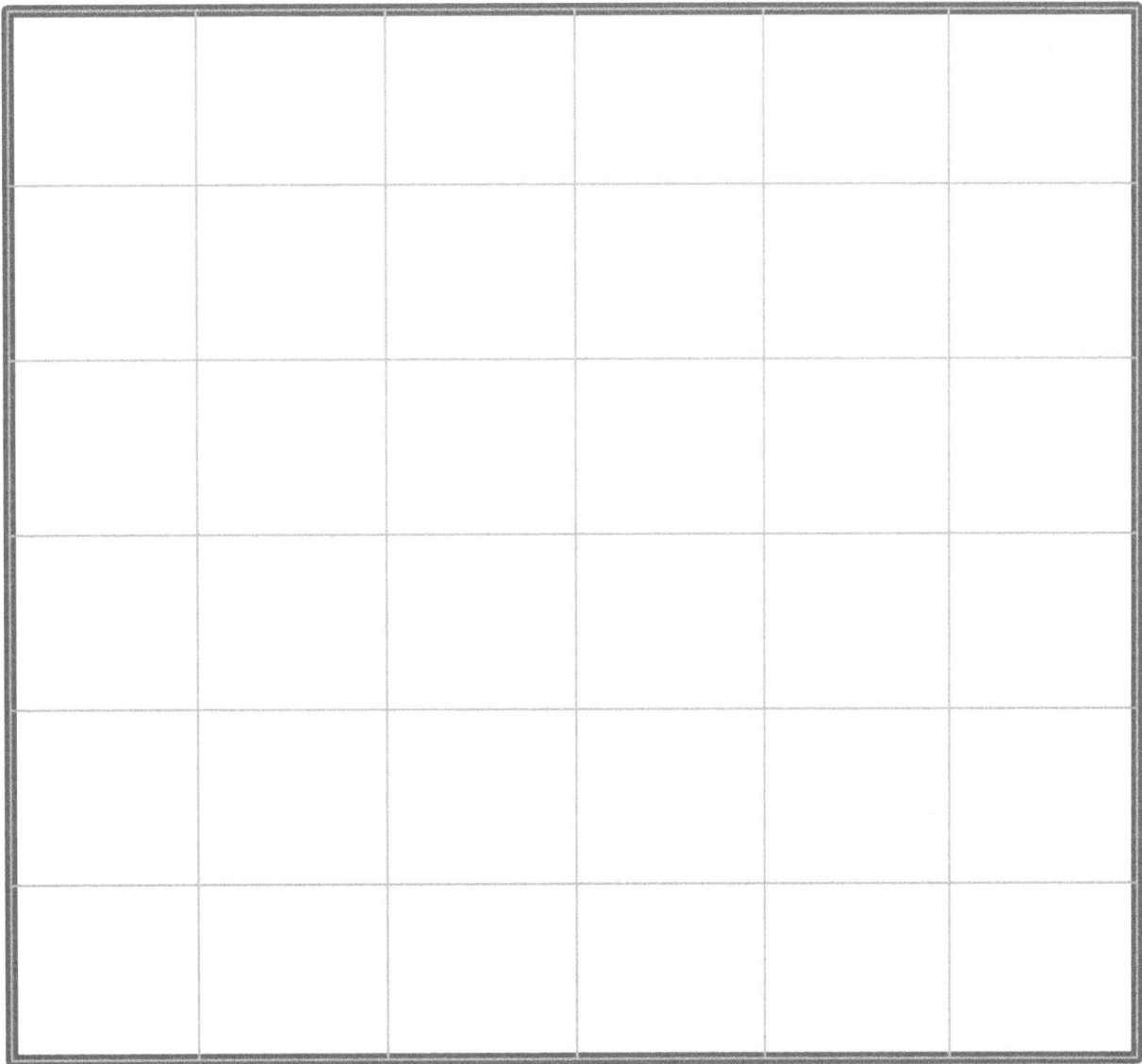

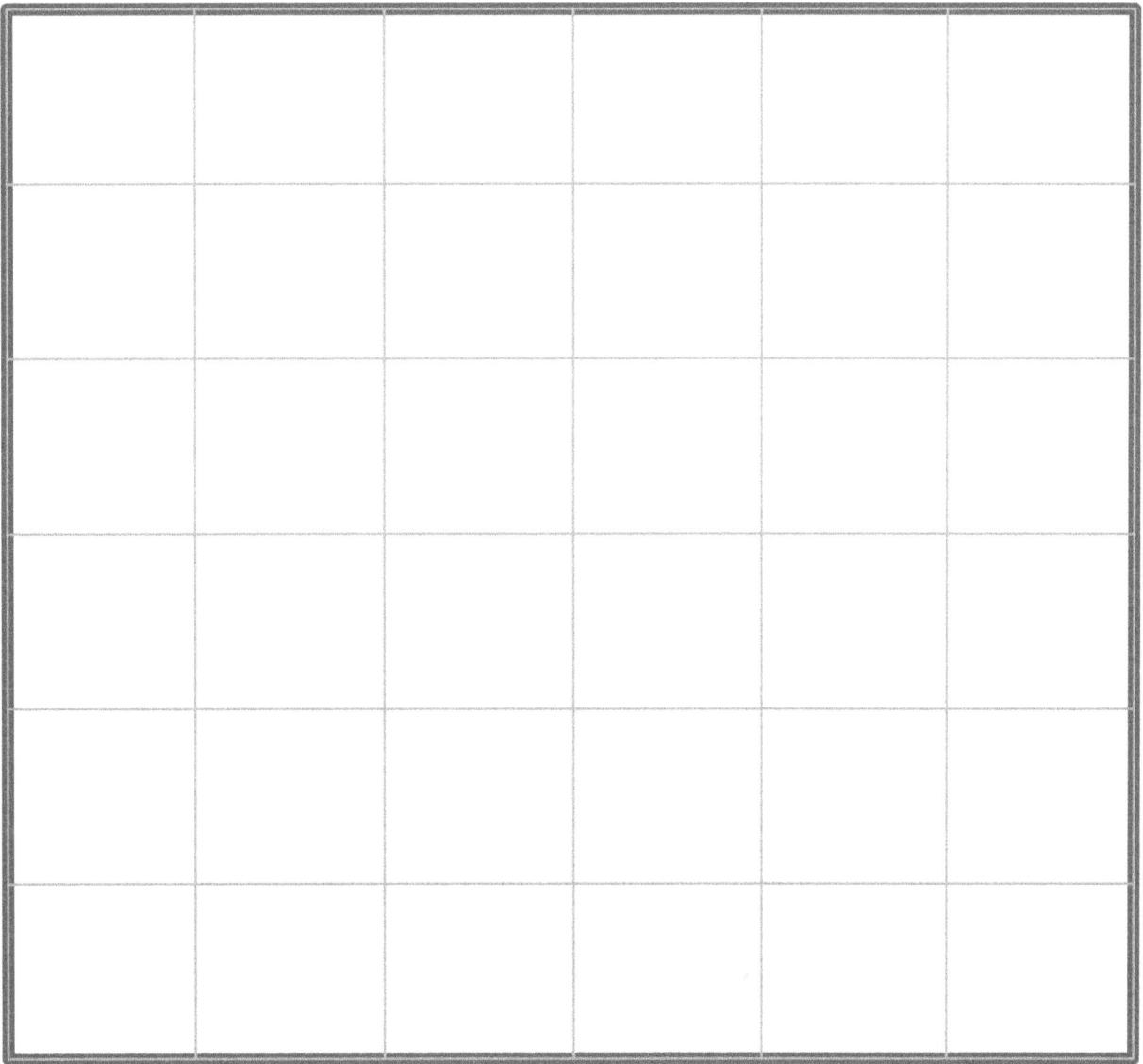

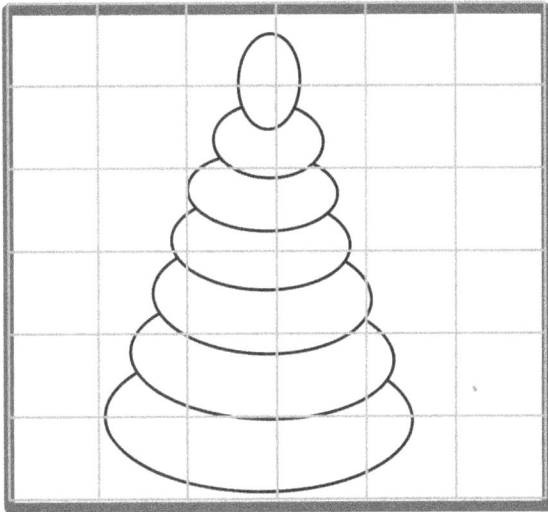

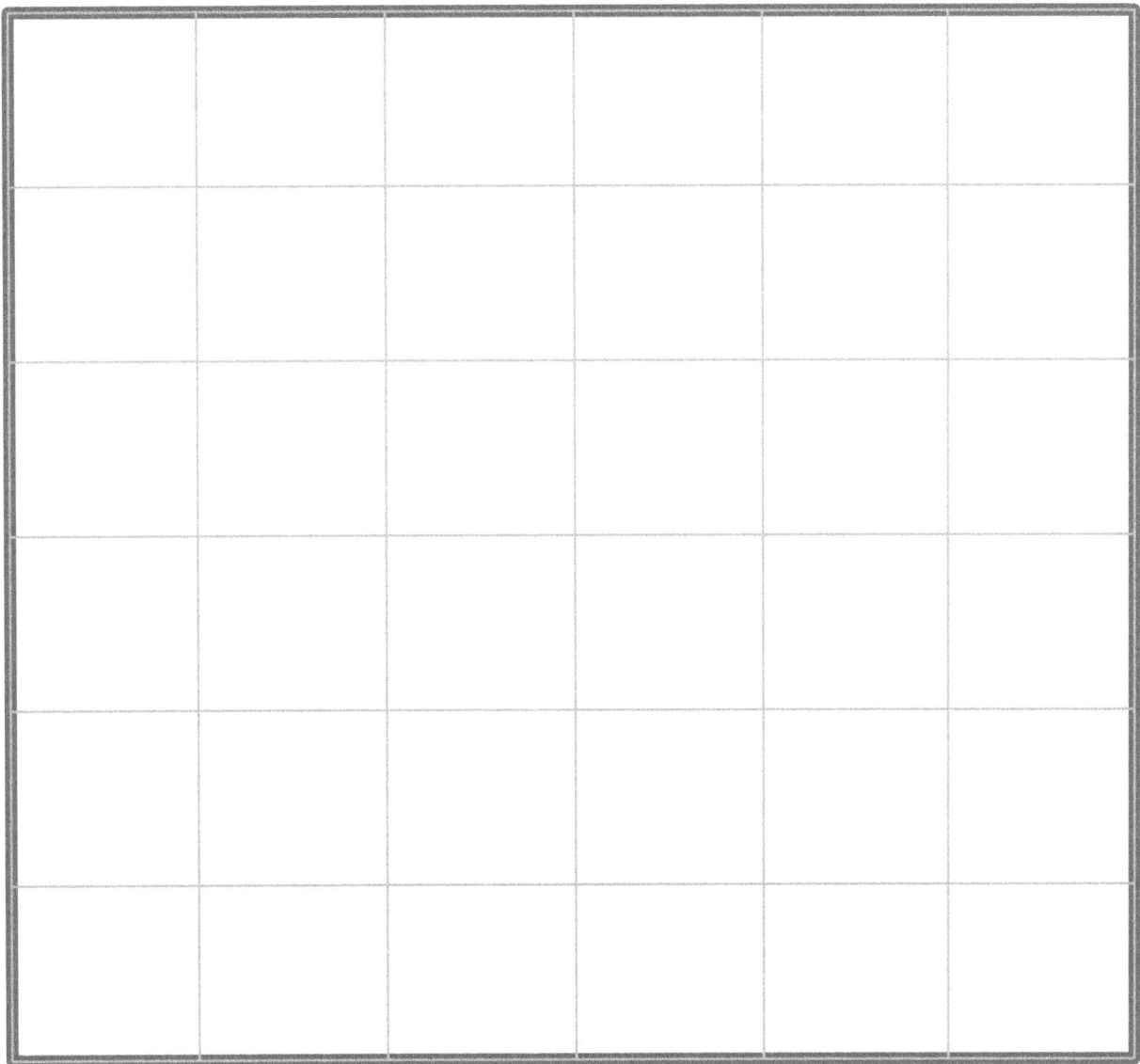

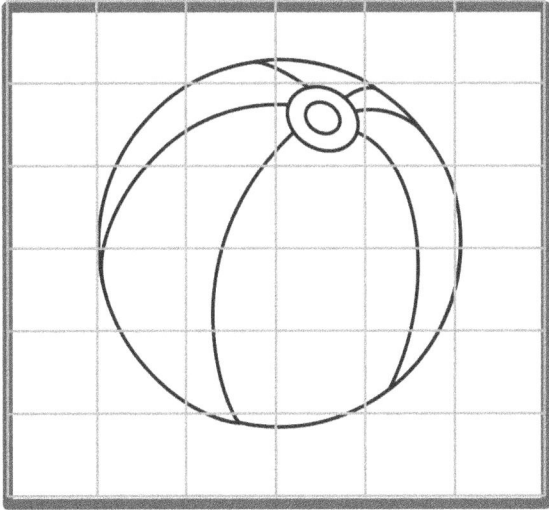

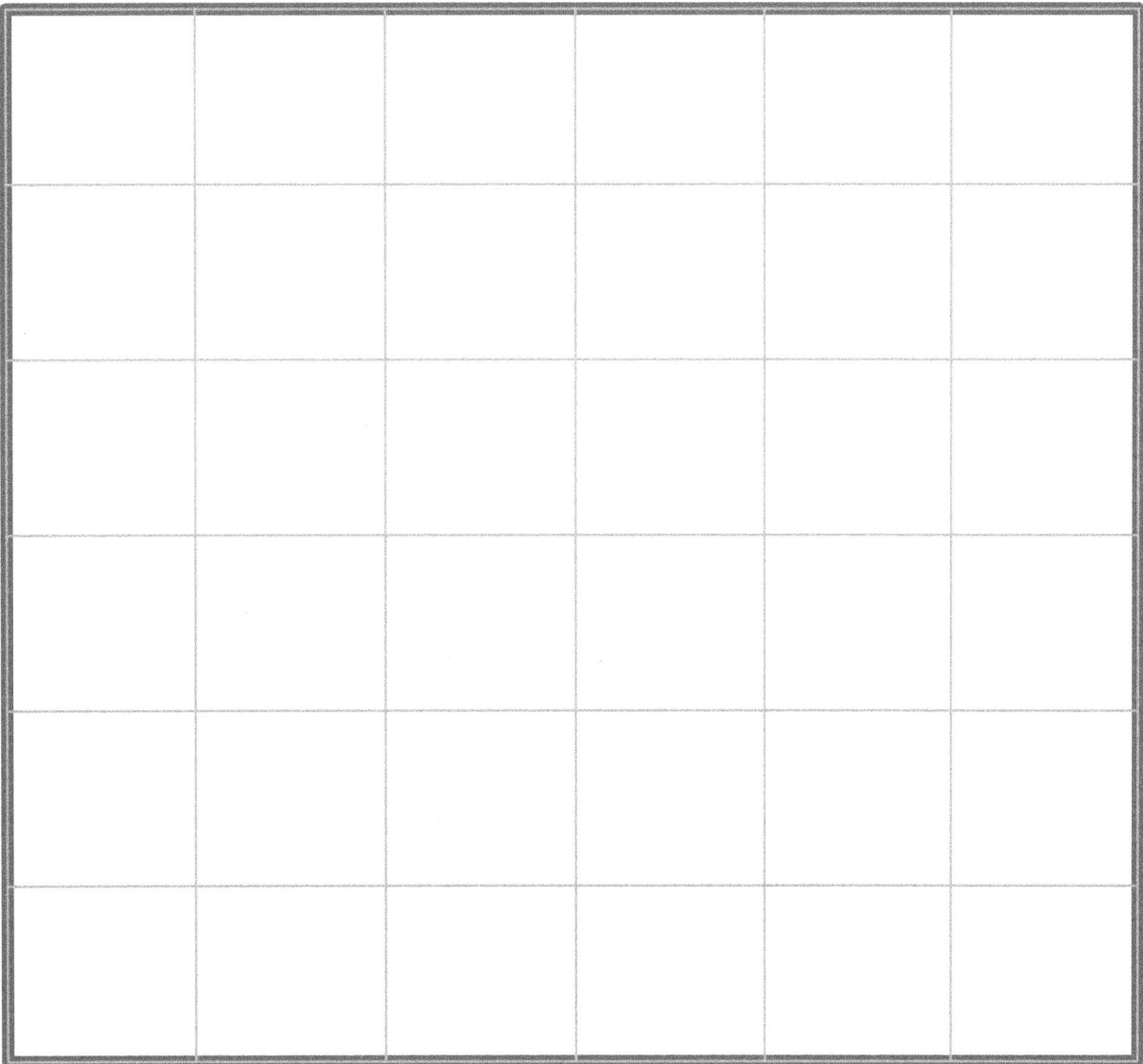

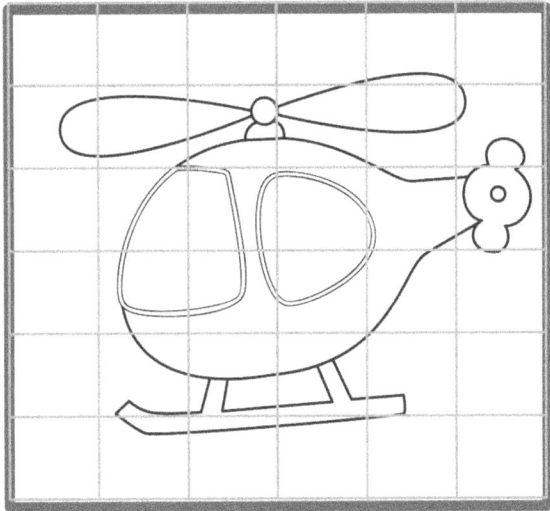

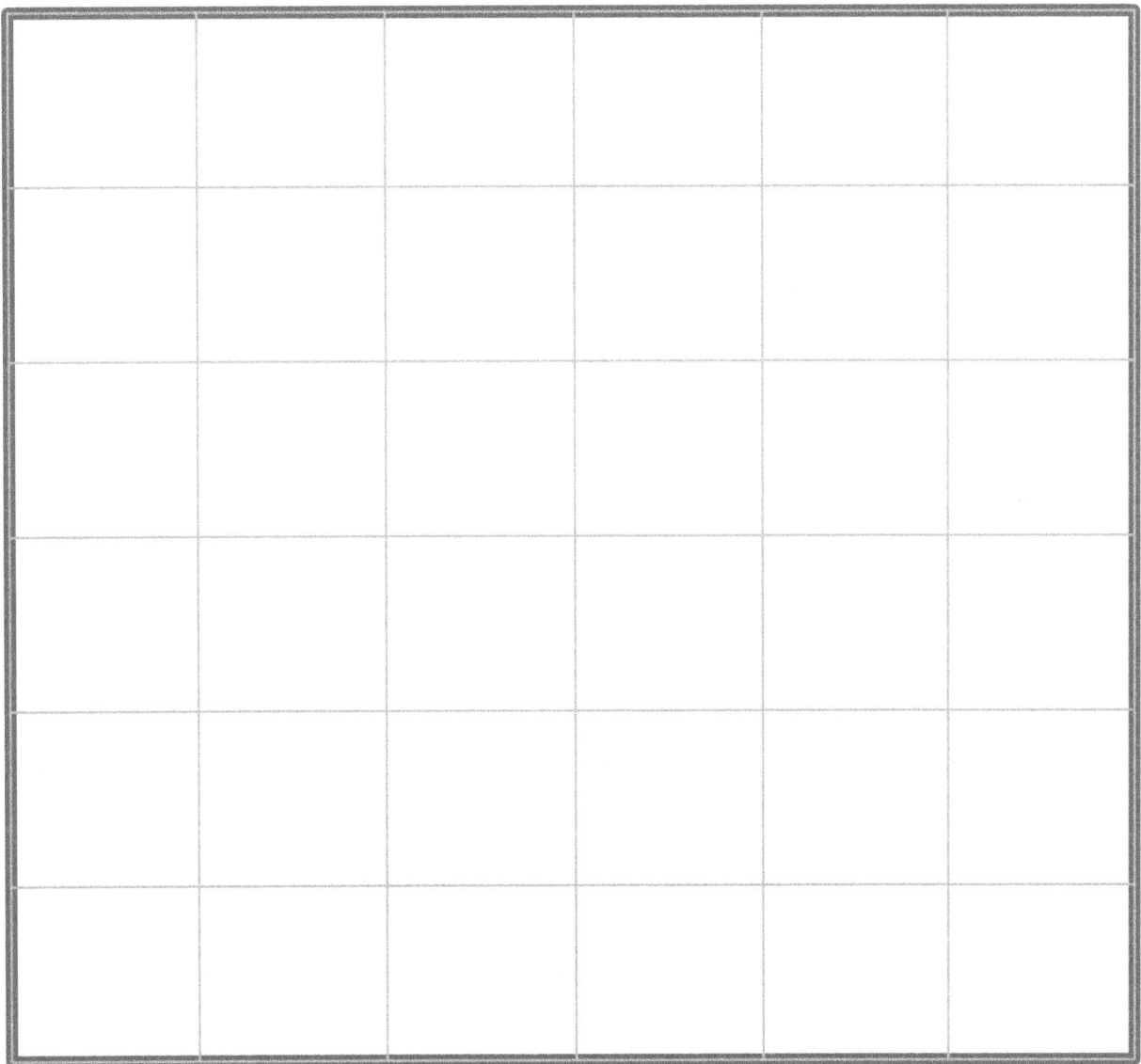

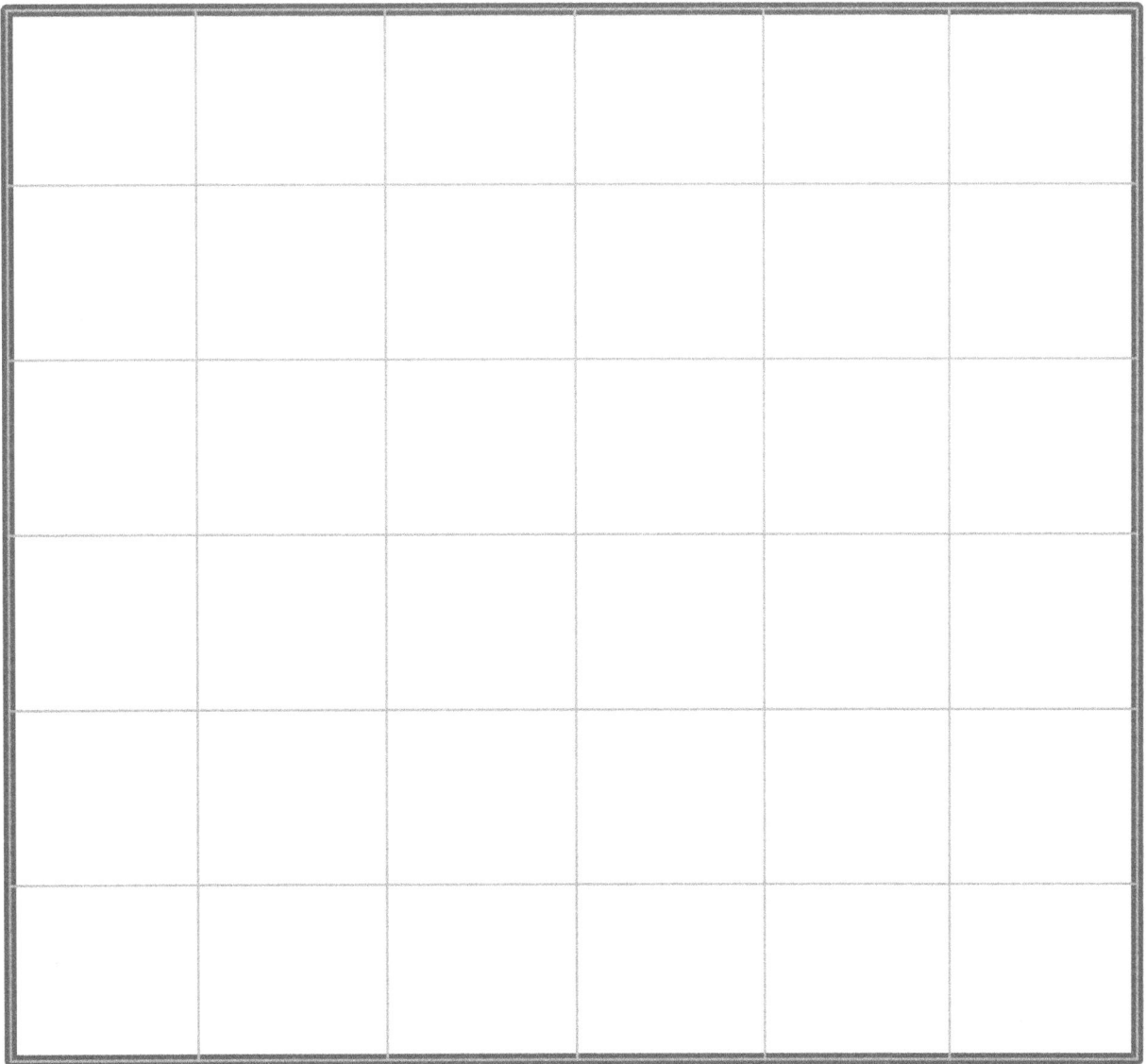

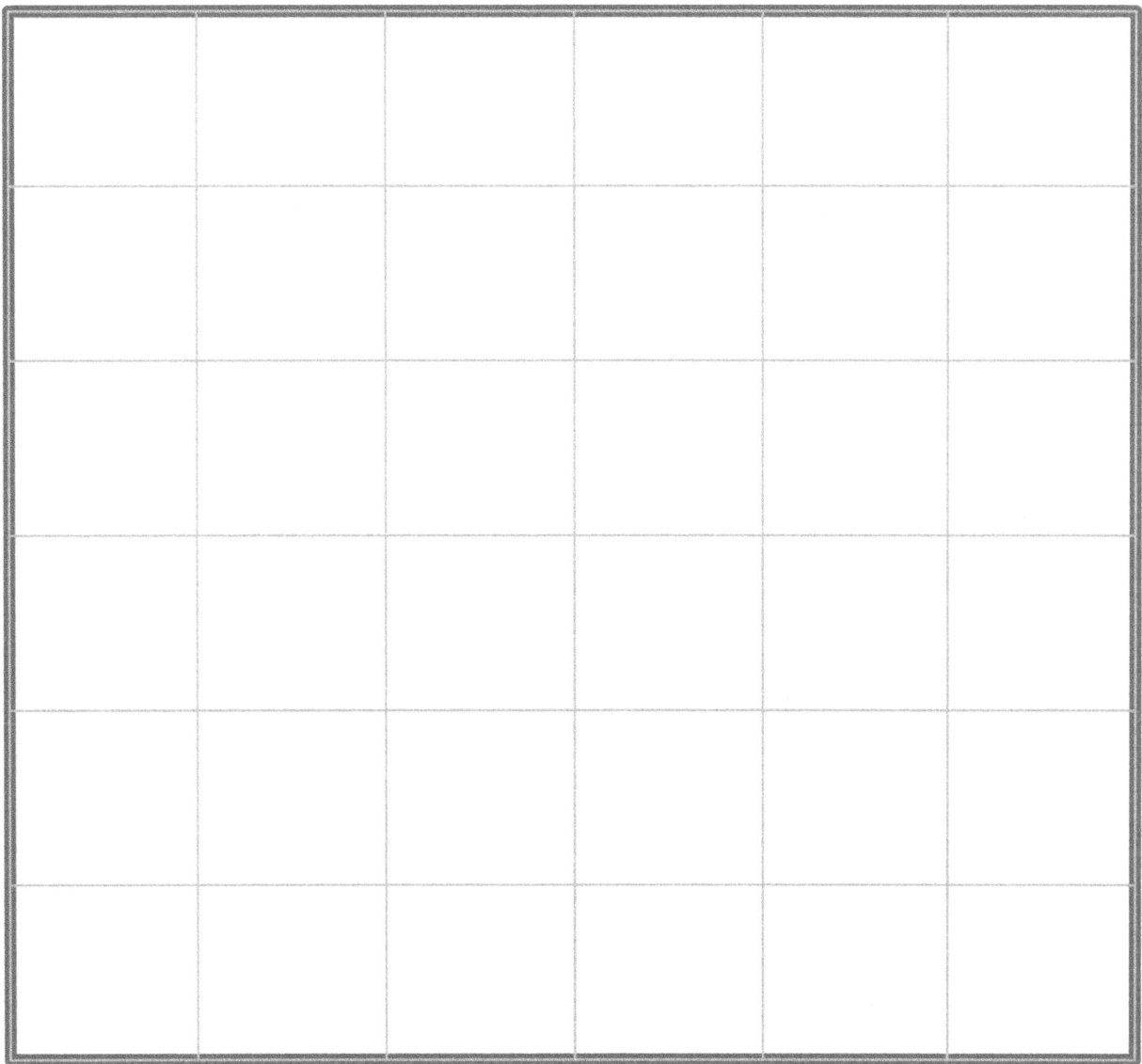

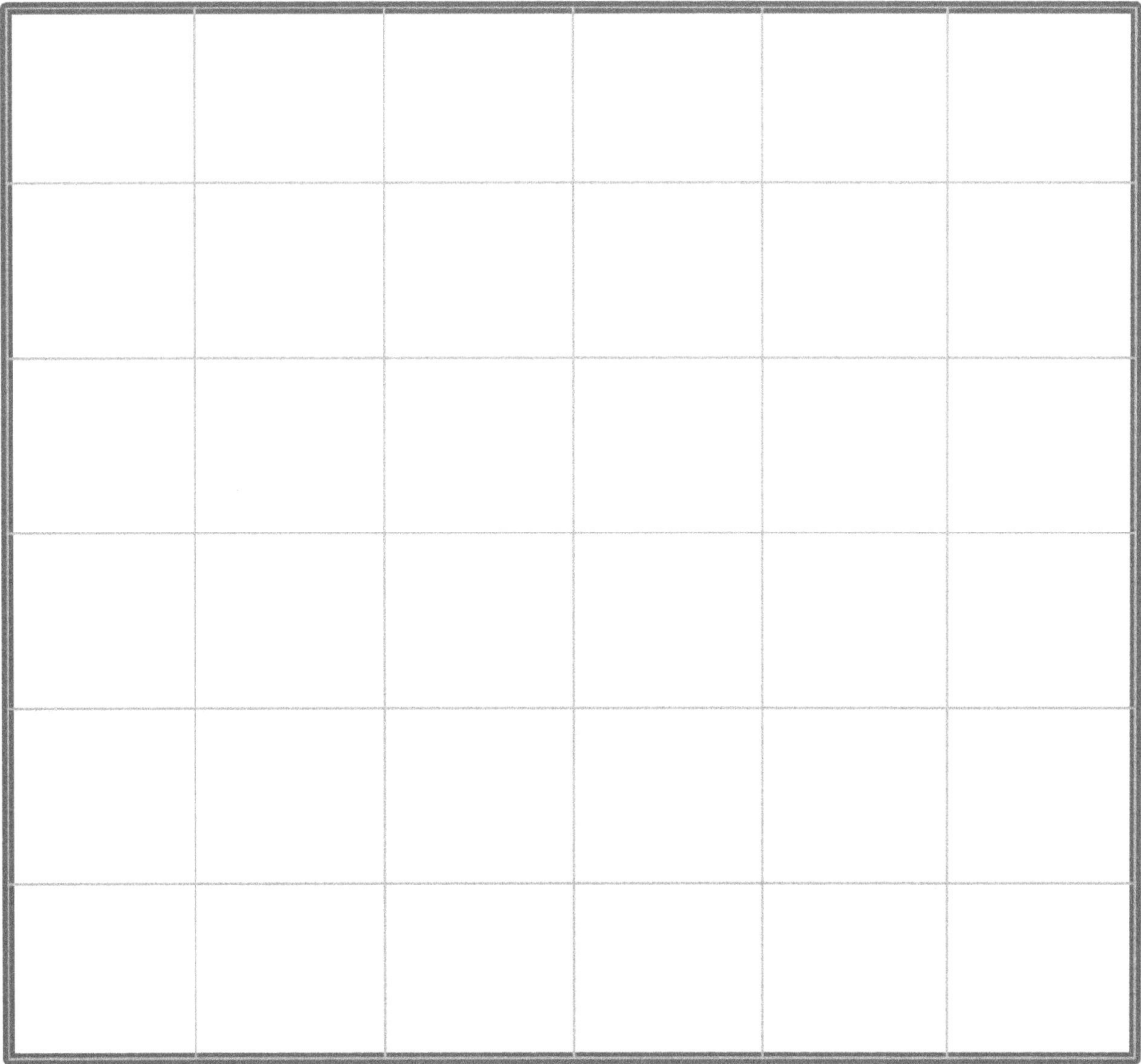

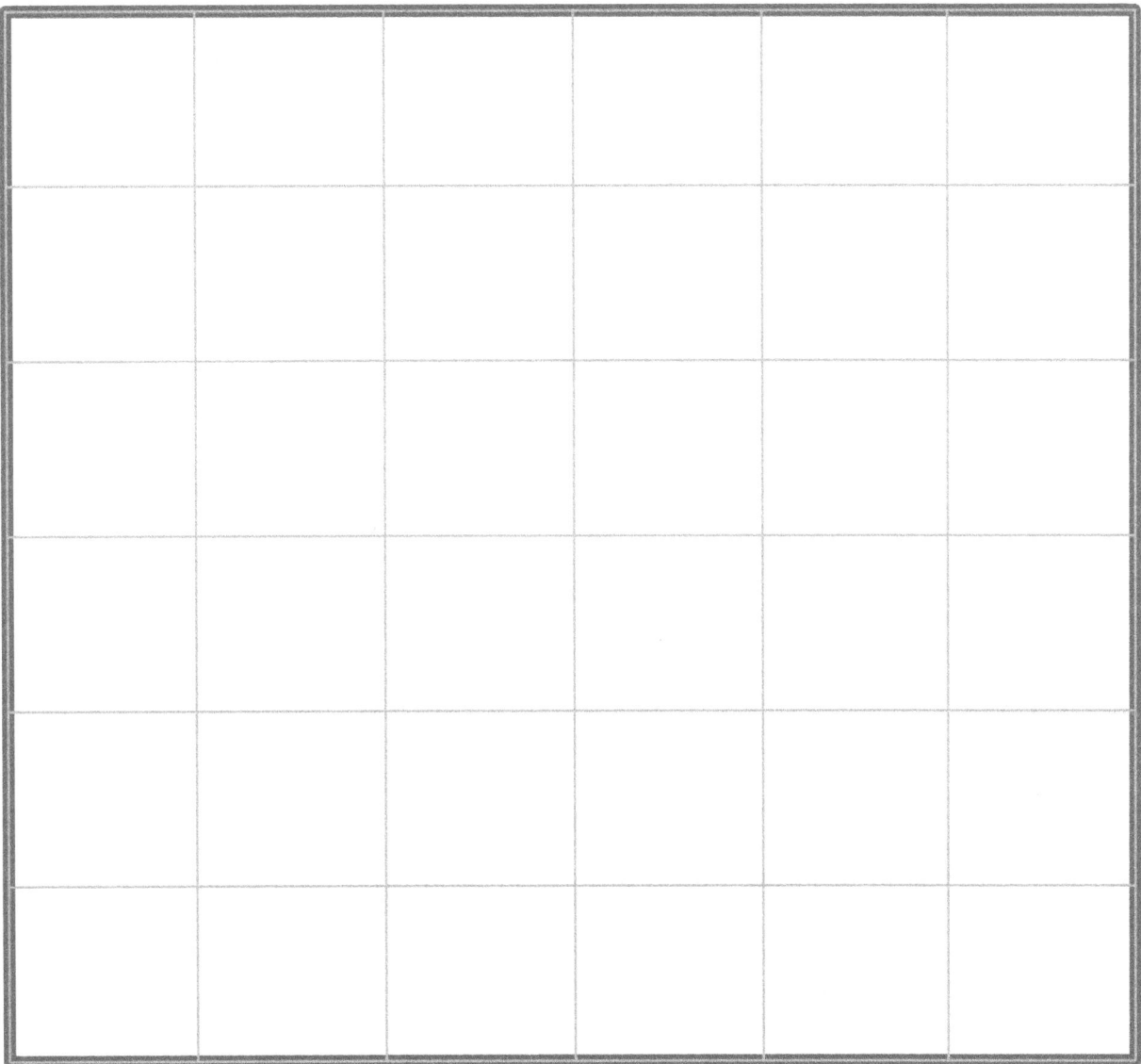

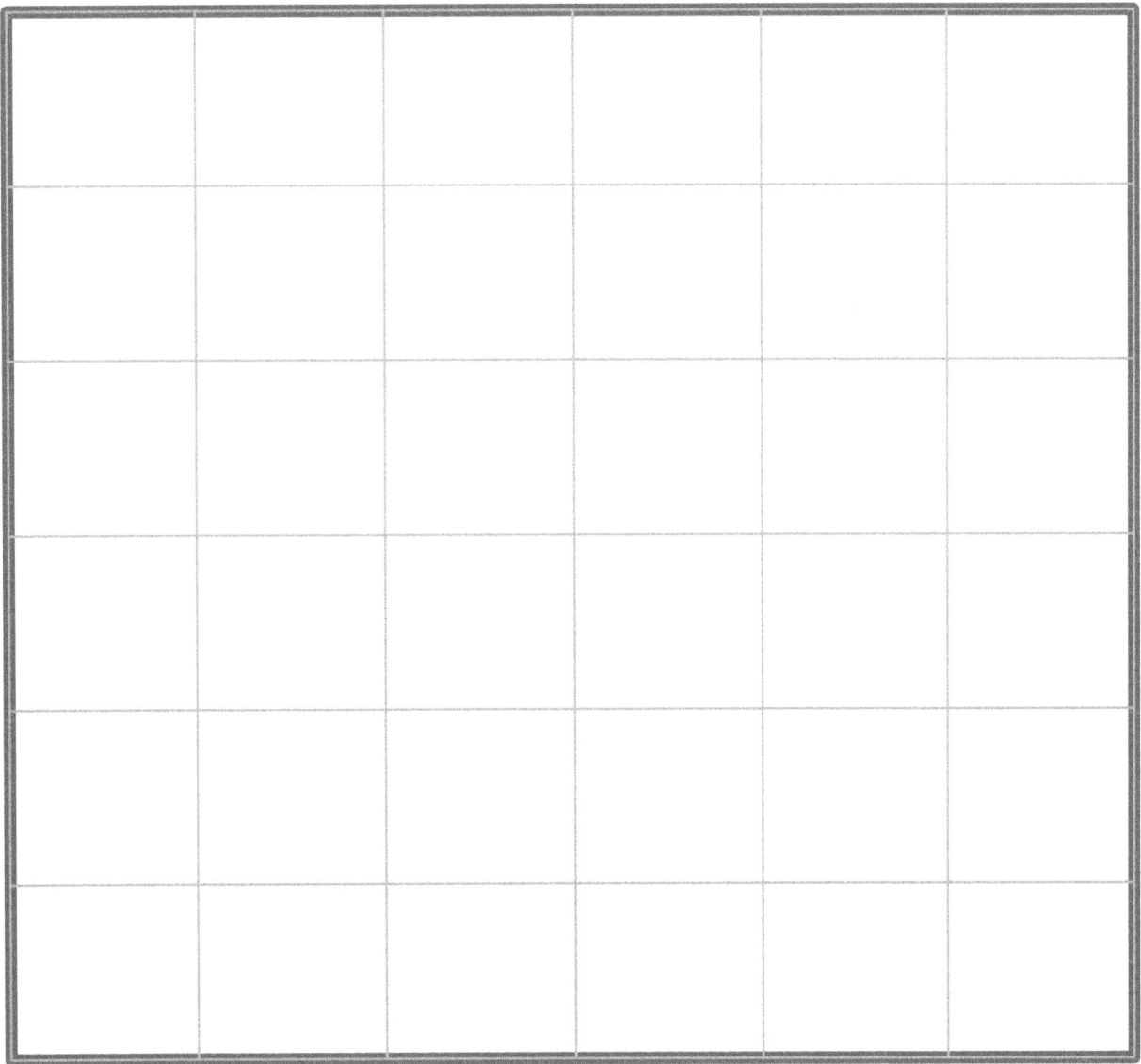

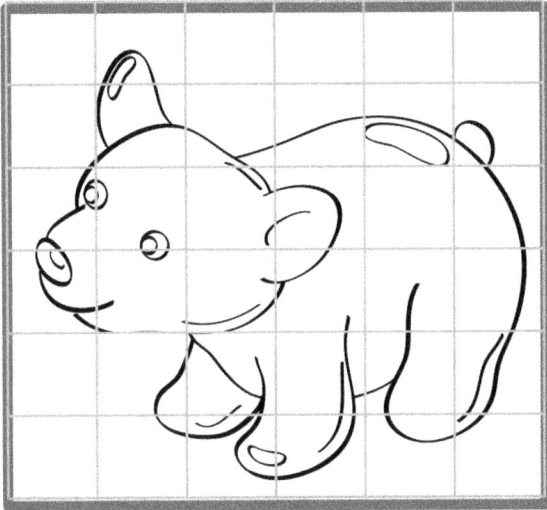

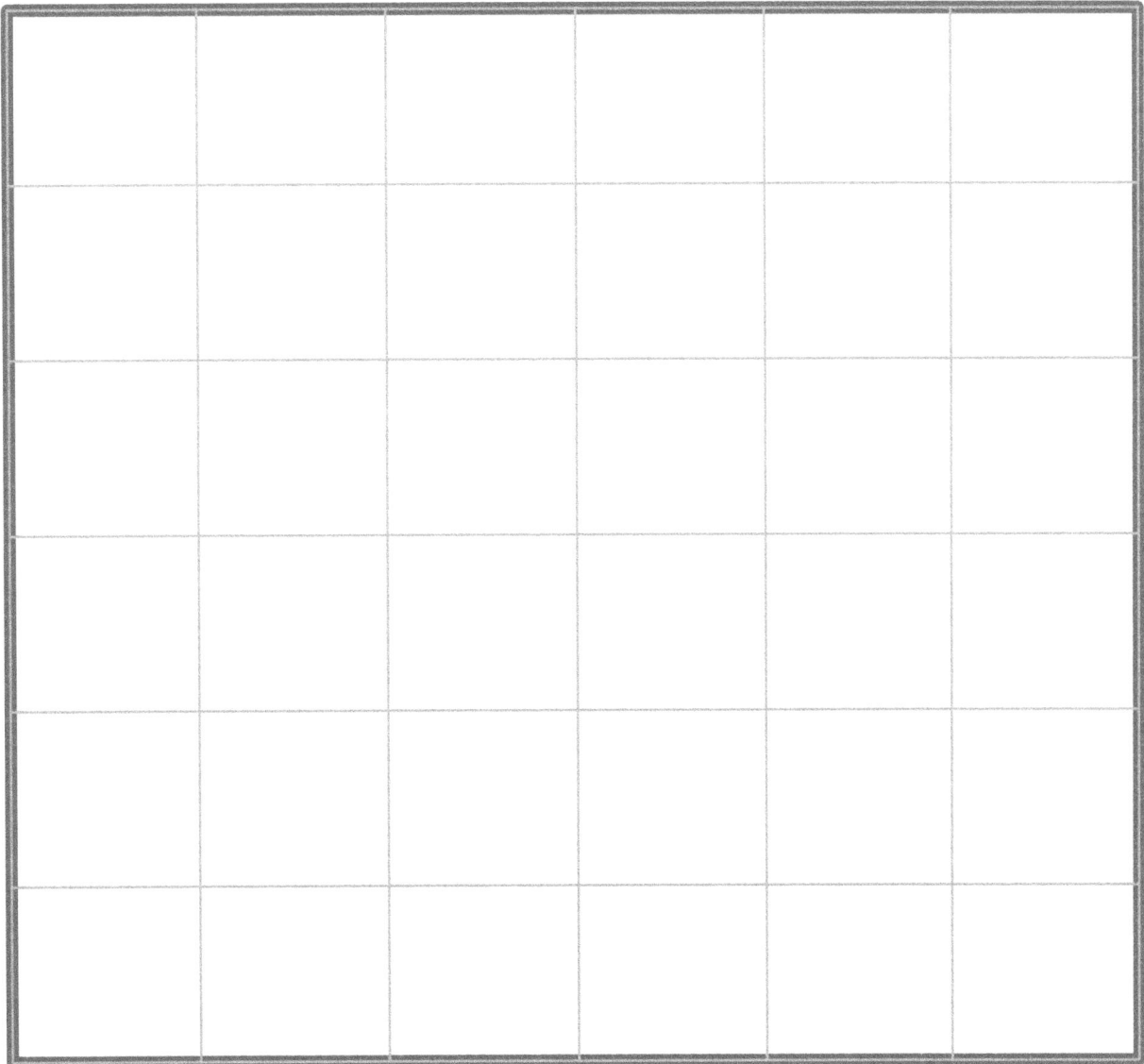

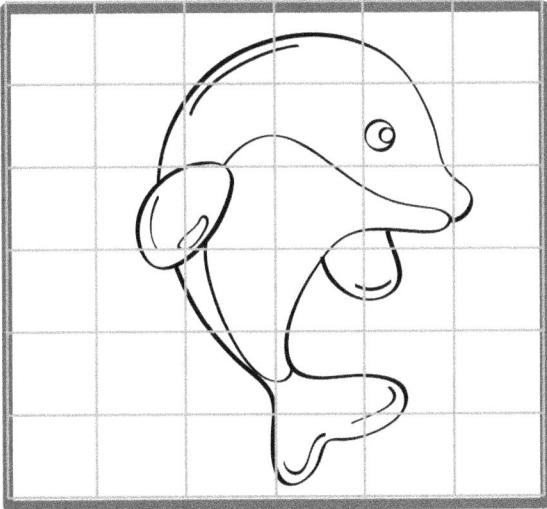

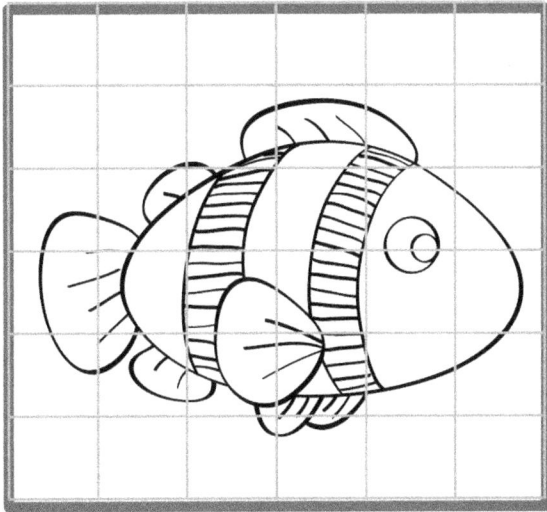

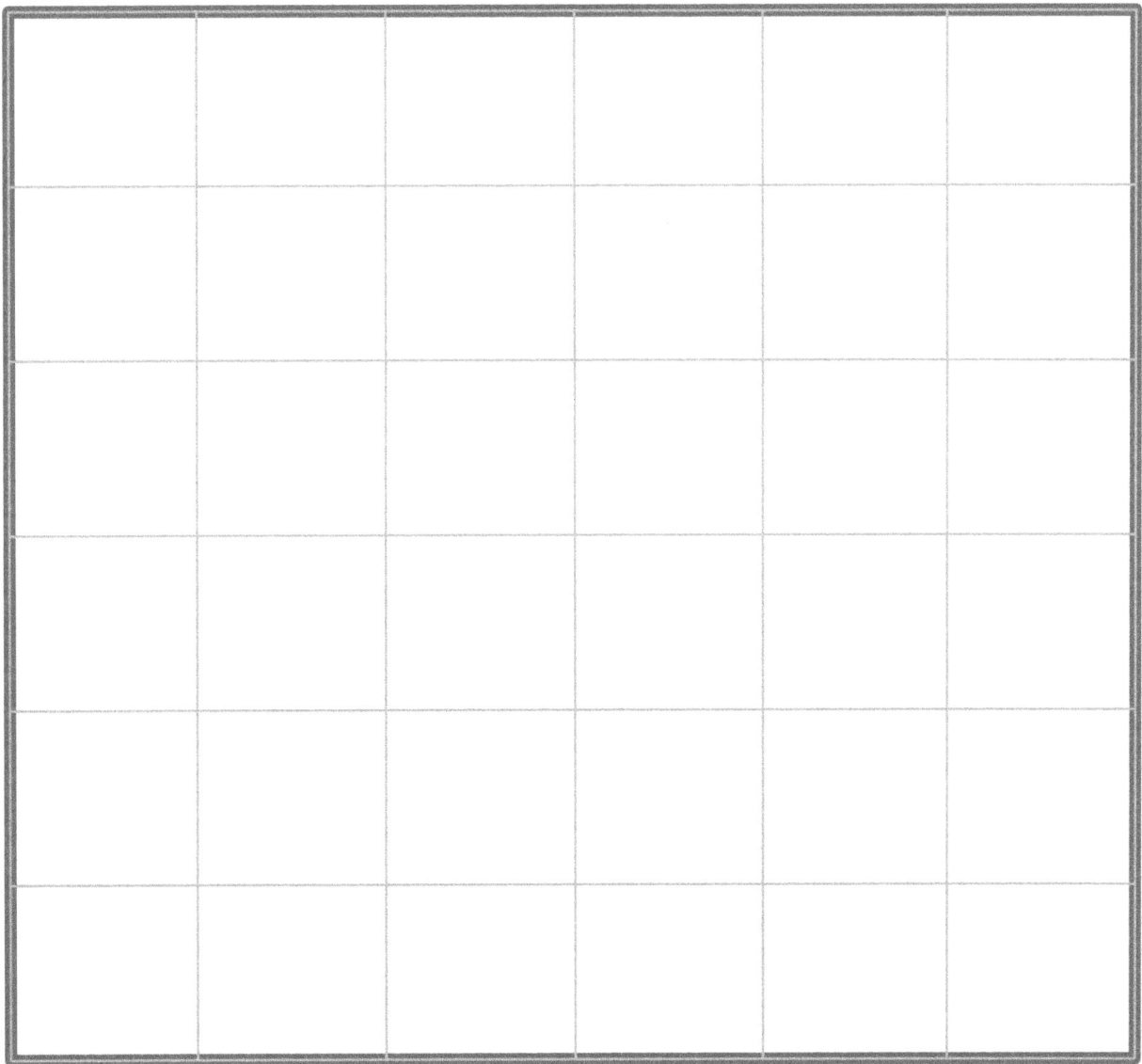